Learn French with Short Stories for Adult Beginners

Engaging Stories To Shortcut Your French Fluency!

(Fun & Easy Reads)

Explore to Win

Table of Contents

Learn French Fundamentals Audiobook
+ Printable "French Verb Conjugations" Practice Worksheets Download

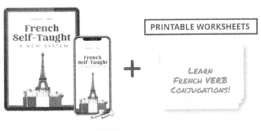

Scan QR code above to claim your free bonuses

OR

exploretowin.com/frenchaudio10

Ready To Start Speaking French?

Inside this Learn French Fundamentals Audiobook + printable practice worksheets combo you'll discover:

✓ **Pronunciation guides:** English to French pronunciation translations so you can sound right the first time which means you'll sound like a natural easily.

✓ **How to avoid awkward fumbling:** explore core French grammar principles to avoid situations where you're left blank, not knowing what to say.

✓ **Improved recall:** Confidently express yourself in French by learning high-frequency verbs conjugations - taught through fun practice sheets!

Scan QR code above to claim your free bonuses

OR

exploretowin.com/frenchaudio10

Introduction

Do you know what is one of the most natural ways of learning languages?

For thousands of years, stories have been a way to transfer knowledge and give sense to the world around us. The human mind has a natural ability to remember stories. If you are wondering why, it's because human creatures seek meaning more than anything else. And it's the same way when learning languages. We seek meaning, not the vocabulary to retain. Through reading stories, we help our brain understand the context and meaning beyond words. We begin to understand the relationship between words and phrases, and start seeing the big picture.

Beginners believe reading stories in French is way beyond their capabilities, and keep avoiding this effective method that gives more results than vocabulary drilling. However, finding adequate reading material adapted to a beginner's level that provides a positive feeling of accomplishment can be a challenge. Frustration is inevitable if the material exceeds your level.

Short stories in French for beginners is a collection of eleven short stories, crafted especially for high-level beginner to low-intermediate students to improve their French skills. Each story is written with common beginner's troubles in mind. Eleven stories cover eleven most frequent everyday situations, from traveling, to meeting your family, talking about habits, food, shopping, weather, house renovation, etc., allowing you to build your vocabulary in different areas.

Apart from the vocabulary, each story is focused on a different grammar point, helping you master isolated grammar points, from adjectives to basic tenses, pronouns, present, future, and past tenses. It also focuses on some common beginner's mistakes, like the difference between "possessive pronouns" and "possessive adjectives", or between "imparfait" and "passé composé".

To support you on your reading journey, as a beginner, in each chapter you'll find:

→ **Story synopsis in French and English** to give you an overview of the story.

→ **Vocabulary and expressions** from the story, bolded in the story and later placed and translated separately in the order they appear in the story.

→ **Comprehension questions** to test your understanding with answers key at the end of the book.

→ **Grammar notes** that explain the main grammar point in that particular story.

→ **Key takeaways** from the chapter.

Besides being linguists and knowing French to a T, the authors are also native speakers of French, which means that they know exactly how to use the language in real life. Additionally, they will also be able to teach you how to speak and sound like a true native.

This book is made for real beginners and low-intermediate students. Stories are crafted using high-frequency words as well as basic grammar, without subjunctives, or other complex syntax. It's made so that every beginner has a sense of accomplishment.

If you are just a beginner, or if you have been studying French some time ago, but you'd like to refresh your knowledge of French, *Short Stories for Adult Beginners*, will give you the support you need.

Guide to reading as a beginner in French

The biggest challenge when reading in a foreign language is to overcome our unrealistic expectations from reading in our mother tongue. We skip the fact that reading is a complex skill that requires a variety of micro-skills, such as scanning the page to find the needed information or reading the keywords and immediately understanding the context.

If we want to read effectively in French, we have to take a step back and remember how it was like to read in the first grade at school. Because, in terms of language, that's exactly who we are in French. Children.

Probably the most important thing to accept when reading in another language is that you won't understand everything. Making peace with ambiguity is essential to making progress. Perhaps, some learners will find this counter-intuitive, but it's actually what keeps you motivated in the long run. Imagine how little progress you'll be making if you feel the urge to understand each word from the text. Instead of moving forward, your perfectionism will keep you stuck in one place. While deep comprehension can be very important when it comes to language learning, if you cover a wider range of different structures and vocabulary, you'll be able to deal with more language complexities. Language is not about knowing a couple of words perfectly, but understanding different speaking situations.

Reading stories is a great way to help you progress in French, because it puts you in a position where understanding the story in general is more important than comprehending the isolated words. This kind of reading is called extensive reading. There are two methods of reading: intensive and extensive reading.

Intensive reading is what you have encountered in your language courses. It means that you are trying to understand each word from the textbook, focus on retaining grammar structures, and then complete certain tasks. On the other hand, extensive reading is pleasure oriented, so it helps you become comfortable with the natural language in use.

To get the most from reading stories from the book, here are a few suggestions to keep in mind.

Step 1. Get acquainted with the main topic

Read the chapter title and get acquainted with the main topic of the story. The introductory part will give you some clues about the main focus in terms of syntax, grammar, and vocabulary. You'll already be well prepared before you start.

Step 2. First-time reading

Read the story once, and don't pay much attention if you are not understanding everything. You are already making progress, even though you are not aware of it. If you really need to check some words, you can always refer to the dictionary after the story where you'll find all bolded words translated in English. However, try to keep in mind that it's okay not to understand everything.

Step 3. Read the Synopsis

When you finish the story, read the short summary, first in French, followed by English. This will give you a clear picture of how much you really understand.

Step 4. Comprehension Check

You never know how much you understood, until you check. Each story is followed with a short multiple-questions quiz.

Step 5. Second-time Reading

This time, you are allowed to focus on more details. Pay attention to the bolded vocabulary and expressions, then try to get back and see how the words behave in a context. It's even better if the word is repeated several times. Keeping your own notes is always a good idea, even though you already have vocabulary listed.

Step 6. Grammar Notes

Check out grammar notes to renew some basic grammar rules that have been repeated in the story. For instance, the first story *"Mes habitudes quotidiennes"* is written in Present Tense, and is filled with regular, irregular and reflexive verbs. The goal is to be prepared to talk about your habits after you finish the story.

Step 7. Key takeaways

Key takeaways are the summary of all the most important grammar points. Refer often to this section to retain the important information, even when you are done with the chapter.

And lastly, you shouldn't forget the sense of enjoyment and fulfillment while reading the stories. After all, it's the pleasure that gives us motivation to move forward.

These suggestions are to help you read French stories independently and without any help. Our stories help you improve your comprehension in a natural way. There should be no obstacles in your way to reading and understanding French stories. Just remember, one step at a time. Pick up your copy of *Learn French with Short Stories for Adult Beginners* and start improving your French right now!

Chapter 1: Habits and Present Tense

« Nous sommes ce que nous répétons chaque jour, l'excellence n'est alors plus un acte mais une habitude. »

- Aristote

We start the first chapter with a short story about what is inevitably part of everyone's lives. From the very first thing we do in the morning to the last thing before we go to bed, we are creatures of habits. That's the main reason our habits take up a large portion of our everyday conversations.

When it comes to habits in French, we use the "*Présent de l'indicatif*" which we assume you are more than familiar with. You'll find that this story has plenty of reflexive verbs that come as an essential equipment when talking about your daily routines. Feel free to move on to the grammar notes part at any time and renew French regular, irregular and reflexive verbs. You'll also learn how to express the Present Progressive and the Present Perfect in French. The beauty of this book is that it has everything in one place.

Mes habitudes quotidiennes

Chaque jour, je suis programmée pour **me lever** à la même heure. **Peu importe** si je **me couche tard**, ou très **tôt** le soir. Quand **le réveil sonne** à 7h, **je suis debout**. **Comme d'habitude**, la première chose à faire est de **me laver** et **me brosser les dents**. Je ne réfléchis pas. Je le **fais** et **refais** chaque matin.

Bien **rafraîchie**, je **me dirige** vers ma chambre et je **fais du yoga** pendant 15 minutes. Je **rêve** de faire du jogging, mais ça arrive rarement. Quand il fait beau, j'aime bien **faire des promenades. Ça me fait du bien** de **bouger** mon corps très tôt le matin. **Quelquefois**, si je me lève tard et que je n'ai pas le temps de faire du yoga, je **me sens mal à l'aise**.

Puis, je **me prépare** un café noir et je prends le petit-déjeuner. Le matin, je **bois souvent** du café. Mon petit ami préfère le thé. J'aime les deux, **ça dépend des jours**. Parfois, je prends du yaourt avec des fruits, d'autres fois **des tartines beurrées**. Ça dépend de si je suis **au régime** ou non. J'adore le petit déjeuner et je trouve que c'est **un rituel** intime pour moi. Je bois le café doucement et d'habitude je **prends un livre** ou j'écris mon **journal intime**. Je sais que **le cerveau** est très **réceptif** juste après **le réveil**. Alors, je **profite de ce moment** pour faire la visualisation ou justement **organiser le jour à venir**.

Le matin, je préfère **le silence**. Mais, mon petit ami **fait le contraire**. Le weekend, **dès qu'**il entre dans la cuisine, il **allume la radio** pour **écouter les informations**. Je lui **conseille** toujours d'**arrêter** cette habitude. Il dit oui, puis, il prend le journal.

Je **travaille** depuis chez moi, alors je ne me **dépêche** pas d'aller au travail. Je **prends mon temps**. Mon petit ami de l'autre côté, il est toujours **pressé**. Il se lève avant moi. Il se brosse les dents, **se rase**, et puis **fait de la musculation**. Quand il **finit** son **entraînement**, il **se douche** et puis prépare un thé.

Nous habitons à Mulhouse. Nous habitons en **banlieue** et il doit partir tôt le matin. Notre ville est très petite, et il **arrive au travail à vélo** en 15 minutes. Le weekend, il prend ses **clefs** et il **quitte** la maison pour **faire du jogging**. Eh bien moi, je **m'installe** dans le **fauteuil**, je prends ma **tasse de café** et je **rêve**.

Quelquefois, je dois **faire les courses**. Je **m'habille**, je me **coiffe et** je **me maquille**. Un petit peu de **maquillage**, ça fait du bien. Je **prends la voiture** et je mets 5 minutes pour aller au magasin. J'**achète de la nourriture** pour **préparer le dîner** et je rentre chez moi.

J'aime essayer de nouveaux **plats** et je **passe des heures** à **chercher des recettes** sur Instagram. J'y **trouve** plein de bonnes idées. Le soir, mon petit ami **rentre** et on **se détend** un peu jusqu'à l'heure du dîner. Puis nous préparons le dîner **ensemble**. À 20h30, nous dînons et ensuite nous regardons la télévision avant d'aller **nous coucher**.

Nos **vies** sont faites de petites habitudes. Il faut justement bien choisir les habitudes qui te **font plaisir.**

Résumé de l'histoire

Ce récit est raconté à la première personne. Le narrateur est une femme qui habite avec son petit ami. Elle parle de ses habitudes quotidiennes. Comme elle et son petit ami ont des métiers différents, ils ont aussi des habitudes différentes. La femme travaille de chez elle et son petit ami part au travail chaque jour.

Synopsis of the story

The story is told in the first person. The narrator is a woman who lives with her boyfriend. She talks about her daily habits. Because they have different jobs, they also have different habits. While she works from home, her boyfriend commutes to another part of the city every day for his job.

Vocabulary and Expressions

se lever - to get up
se coucher - to go to bed
un réveil - an alarm

peu importe - no matter
tard - late
tôt - early
sonner - to ring
être debout - to be up
comme d'habitude - as usual
rafraîchi / rafraîchie - refreshed
se brosser les dents - to brush one's teeth
réfléchir - to think, to reflect
faire - to do
refaire - to do again
se diriger - to head to
faire du yoga - to do yoga
faire du jogging - to jog, to go jogging
faire des promenades - to go for walks
rêver - to dream
ça me fait du bien - it makes me feel good
bouger - to move
quelquefois, parfois - sometimes
se sentir mal à l'aise - to feel uncomfortable
se préparer - to get ready
prendre le petit-déjeuner - to have breakfast
boire - to drink
souvent - often
ça dépend des jours - it depends on the days
des tartines beurrées - buttered toasts
être au régime - to be on a diet
un rituel - a ritual
prendre - to take
un journal intime - a diary
un cerveau - a brain
faire le contraire - to do the opposite
dès que - as soon as
réceptif / réceptive - receptive
se réveiller - to wake up
profiter d'un moment - to take advantage of a moment
organiser le jour à venir - to organize the upcoming day

un silence - a silence
allumer la radio - to turn on the radio
écouter les informations - to listen to the news
conseiller - to advise
arrêter - to stop
travailler - to work
se dépêcher - to hurry up
aller - to go
prendre son temps - to take one's time
être pressé - to be in a hurry
se raser - to shave
faire de la musculation - to work out
un entraînement - a workout
se doucher - to take a shower
une banlieue - a suburb
à vélo - by bicycle
arriver - to arrive
une cléf - a key
s'installer - to sit down
un fauteuil - an armchair
une tasse de café - a cup of coffee
faire les courses - to go grocery shopping
s'habiller - to get dressed
se coiffer - to do one's hair
se maquiller - to put on makeup
le maquillage - make up
la voiture - the car
acheter - to buy
de la nourriture - food
essayer - to try
un plat - a meal
passer des heures - to spend hours
chercher - to look for
une recette - a recipe
trouver - to find
rentrer - to return
se détendre - to relax

ensemble - together
se coucher - **to** go to bed
une vie - a life
faire plaisir - to please

Comprehension Questions

Sélectionnez une seule réponse pour chaque question.
1.   Qui raconte l'histoire ?

      A.   La femme

      B.   L'homme

      C.   Les deux

2. Ils habitent ....

      A.   au centre-ville

      B.   en banlieue

      C.   au centre d'une petite ville

      D.   à la campagne

3. Est-ce que la femme va au travail chaque jour ?

      A.   Oui, elle prend la voiture chaque jour.

      B.   Non, elle y va une fois par semaine.

      C.   Non, elle travaille de chez elle.

      D.   Oui, elle prend le bus pour aller au travail.

4. Le matin, l'homme préfère …………

    A. le silence

    B. écouter les informations à la radio

    C. écrire un journal intime

    D. faire du yoga

5. Chaque jour le matin, l'homme ?

    A. Se rase, se lave, se brosse les dents, fait de la musculation.

    B. Se lave, prend le thé, fait du yoga.

    C. Se brosse les dents, se lave, prend le thé.

    D. Prends du café, se lave, se rase, se brosse les dents.

Grammar Notes

Le présent de l'indicatif

The present tense is the pillar of all conversations, no matter the language. If you master the present tense, you are already covering 70% of possible conversations in French. Learning languages is all about keeping the conversational odds in your favor.

There is one reason why French present tense is easier than English present tense. You know how English has even four forms of the present tense (*Present Simple, Present Perfect, Present Continuous, Present Perfect Continuous*). Well, in French, there's only one. *"Le présent de l'indicatif"* is used to express momentary action as well as progressive action.

But here comes the challenge too. If there is only one form for what English speakers perceive as four different situations, how can you express the different present meanings in French?

Want to hear a secret? French do not need a tense to express the *Present Progressive* and the *Present Perfect*. Here's how.

How to express the *Present Progressive*

Instead of using another tense, in French, you can simply use the expression *"être en train de"* or literally, "to be in the process of."
Je suis en train de lire. - I am reading.
Elle est en train de finir la course. - She's finishing the race.

How to Express the Present Perfect

Don't think the *Present Perfect* is a non-existent concept in the French universe. They simply use "***depuis + présent de l'indicatif***", which means since, for actions that began in the past and continue into the present. Likewise, the English language uses **since + Present Perfect**. However, the French say *"Why bother with another tense if you can do it all with just one?"* And we couldn't agree more.
J'habite à Paris depuis un an. - I've lived in Paris for a year.
J'étudie le français depuis deux ans. – I've studied French for two years (and still do).

When to use the "*Présent de l'indicatif*"

The present tense in French (*le présent*) is used to talk about:
- **facts that are always true**
Le Soleil tourne autour de la Terre. - The sun turns around the Earth.
Mon chat s'appelle Felix. - My cat's name is Felix.
- **current situations**
Je travaille à Paris. - I work in Paris.
J'habite à Lyon. - I live in Lyon.
- **habits and repeated actions in the present**
Le matin, je bois souvent du café. - In the morning, I often drink coffee.
Chaque jour, il fait de la musculation. - Every day, he works out.
- **scheduled future actions**
Mardi prochain, son équipe a un match important. - Next Tuesday, his team has an important match.

Mon avion part à 14 heures. - My airplane leaves at 14 h.

How to form the *"Présent de l'indicatif"*

The fact there's only one present tense in French is the reason we consider French to be easier than English. Keep your belts tight. We are now moving on to part II "What makes French present tense more difficult than English?"

First of all, the French conjugation is quite complex. The French verbs must be conjugated in person and number, which ends in having six different forms. Another reason is that French verbs are both regular and irregular.

The way we all learn French conjugations is by learning which verbs are regular and which aren't. To distinguish regular from irregular verbs, French has classified all verbs into three categories known as 'groups' in French. There are 3 groups and you'll easily recognize which verbs fall into which category by looking at their endings.

- **I group** - regular verbs whose infinitive ends in -ER.
- **II group**- regular verbs with an infinitive ending in -IR.
- **III group** - verbs in -RE and irregular verbs.

I Group - Regular -ER verbs

Regular -ER verbs are conjugated the same way in all tenses and moods. After all, they aren't called regular for nothing.

To conjugate in Present Tense, remove the infinitive ending (**-er**) and then add one of the following verb endings (**-e, -es, -e, -ons, -ez, -ent**).

Let's take the verb *"parler"*. After we remove the ending -er, we get *"parl"*, and then we just add the present endings.

Pay close attention to the conjugations below.

Pronouns	Endings	**Parler**	**Aimer**	**Visiter**
Je	**-e**	parl**e**	aim**e**	visit**e**
Tu	**-es**	parl**es**	aim**es**	visit**es**
Il/Elle/On	**-e**	parl**e**	aim**e**	visit**e**
Nous	**-ons**	parl**ons**	aim**ons**	visit**ons**
Vous	**-ez**	parl**ez**	aim**ez**	visit**ez**
Ils/Elles	**-ent**	parl**ent**	aim**ent**	visit**ent**

Not every verb ending in -er is regular. You should always be aware of exceptions. For instance, the most common verb (**aller**) is irregular. You can find its conjugation on the following page.

II Group - Regular -IR verbs

French verbs ending in **-IR** are the second largest category, with around 300 verbs. Here, the rule of forming the Present is the same, except that this time, you are removing -ir, and adding different endings (**-is**, **-is**, **-it**, **-issons**, **-issez**, **-issent**).

Pronouns	Endings	**Finir**	**Choisir**
Je	**-is**	fin**is**	chois**is**
Tu	**-is**	fin**is**	chois**is**
Il/Elle/On	**-it**	fin**it**	chois**it**
Nous	**-issons**	fin**issons**	chois**issons**
Vous	**-issez**	fin**issez**	chois**issez**
Ils/Elles	**-issent**	fin**issent**	chois**issent**

III Group - Regular -RE verbs

Some French grammarians believe there isn't such a thing as regular -RE verbs. In their view, verbs ending in -re fall into the category of irregular French verbs. We have separated -re verbs as regular, because many verbs follow this pattern, such as:

- attendre: to wait
- défendre: to defend
- descendre: to go down
- entendre: to hear
- perdre: to lose
- répondre: to answer
- vendre: to sell

To conjugate them, remove the infinitive ending -RE and then add one of the following verb endings.

Pronouns	Endings	**Prendre**	**Comprendre**	**Attendre**
Je	**-s**	prend**s**	comprend**s**	attend**s**
Tu	**-s**	prend**s**	comprend**s**	attend**s**
Il/Elle/On	**/**	prend	comprend	attend
Nous	**-ons**	pren**ons**	compren**ons**	attend**ons**
Vous	**-ez**	pren**ez**	compren**ez**	attend**ez**
Ils/Elles	**-ent**	prenn**ent**	comprenn**ent**	attend**ent**

III Group - Irregular Verbs

Irregular verbs follow no specific rules for verb conjugation, so you must memorize each one of them. Here is the list of some common irregular verbs you had the chance to encounter in the first story.

	Faire	Aller	Boire	Savoir
Je	fais	vais	bois	sais
Tu	fais	vas	bois	sais
Il/Elle/On	fait	va	boit	sait
Nous	faisons	allons	buvons	savons
Vous	faites	allez	buvez	savez
Ils/Elles	font	vont	boivent	savent

Reflexive verbs

Reflexive verbs are action verbs that you do on yourself. Usually, these are things you repeat every day. That's why we needed plenty of reflexive verbs in our story about habits. Reflexive verbs usually involve some sort of change (going to bed, going to sleep, sitting down). It's good to know that French uses reflexive verbs to a larger extent than English. Many reflexive verbs are regular -ER verbs with a reflexive pronoun "*se*".

You'll recognize reflexive verbs as "*se*" + **infinitive** ("*se*" means *oneself*). When translating reflexive verbs in English, the pronoun "*se*" is rarely translated as himself, itself and so on. Reflexive pronoun "*se*" changes to "*s'*" in front of a word starting with a vowel, most words starting with **h**, and the French pronoun **y**.

Here's how pronouns change in person and number.

Pronouns	Reflexive Pronoun se	**se lever**	**se reveiller**	**s'habiller**
Je	**me (m')**	Je me lève	Je me réveille	Je m'habille
Tu	**te (t')**	Tu te lèves	Tu te réveilles	Tu t'habilles
Il/Elle/On	**se (s')**	Il / Elle/ On	Il/Elle/On se	Il/Elle/ On

		se lèv**e**	réveill**e**	s'habill**e**
Nous	**nous**	Nous nous lev**ons**	Nous nous réveill**ons**	Nous nous habill**ons**
Vous	**vous**	Vous vous lev**ez**	Vous vous réveill**ez**	Vous vous habill**ez**
Ils/Elles	**se (s')**	Ils/Elles se lèv**ent**	Ils/Elles se réveill**ent**	Ils/Elles s'habill**ent**

Je me lave avant le dîner. - I wash myself before dinner.

Nous nous lavons chaque jour. - We wash ourselves every day.

On se détendra dimanche. - We will relax on Sunday.

Je me lève. - I get up.

Key takeaways

- French has only one present tense (***Présent de l'indicatif***) as opposed to English that has four different tenses to express progressive and momentary actions.
- The French present is used to talk about facts, habits, current situations, and scheduled future events.
- Use "***depuis + présent de l'indicatif***", to express the Present Perfect.
- Use "***être en train de***" to express the Present Progressive.
- Reflexive verbs are action verbs with the reflexive pronoun "*se*".
- Reflexive pronoun "*se*" changes in person and number and has these forms (***me, te, se, nous, vous, se***).

Our next chapter will teach you how to use conjunctions to connect ideas into one sentence, how to describe people, and use superlatives to describe the world around you.

Chapter 2: Describing people

« Parfois, on connaît les gens puis on se rend compte, qu'en vérité, ils sont loin d'être comme on le pensait. »

- Auteur inconnu

While the first chapter was about our daily habits, the second one is all about describing people. Talking about ourselves and others is our favorite topic. It would be difficult to imagine a daily conversation without using adjectives to describe the world around us. Because of that, we've come up with a story filled with French adjectives to help you understand the complexity of French adjectives.

As French adjectives differ from English adjectives, feel free to move on to the grammar notes part at any time and review French adjectives and conjunctions first.

La pire combinaison astro

Ce soir, j'ai mon premier **rendez-vous à l'aveugle** et j'ai passé toute **la journée** à **nettoyer** mon appartement. Non. Le rendez-vous ne se passe pas chez moi, c'est seulement que quand je suis **nerveuse**, je nettoie. À la fin, mon appartement ressemble plutôt à une **pharmacie**, et moi, je me sens plus **calme**. **Pour être honnête**, les rendez-vous à l'aveugle **me semblent** très tristes, et **d'habitude** je refuse toutes les **offres**. Mais ma **voisine,** Marthe, qui habite dans un appartement à côté de chez moi, à chaque fois qu'on se rencontre, elle n'**arrête** pas de me montrer des photos de son cousin. Elle sait très bien que je suis **célibataire**. Une femme **sage,** mais **ennuyante** quand même. Elle me voit aux **escaliers** et immédiatement commence à parler de son cousin. Un **mec** apparemment **grand**, pour être plus **précis,** 1 m 90 cm.

À **goût,** trop grand. **Charmant, bien situé**, un appartement dans le 14ème **arrondissement**, un travail **stable** de **programmeur**. Je dois **admettre** que son cousin n'est pas **moche** du tout. Il est vraiment un **beau** mec. Et puis, je suis **terrible** à dire non. J'ai fini par accepter son offre et me voilà avec un appartement tellement **propre** qu'on peut même **lécher le sol**.

Si tout ce que Marthe **raconte à propos** de lui est vrai, c'est alors un jackpot. Mais, j'en **doute**, car personne ne croit aux **louanges** de sa famille. **Ou** aux louanges de ses amis **proches**. **Ni les uns, ni les autres** ne donnent une image réelle.

Encore cinq heures. Trois heures. Et si je prétendais être malade ? Maintenant, je commence à me sentir vraiment **mal**. De quoi on peut parler ? Je ne sais rien de lui. Martha ne m'a parlé que de son **apparence physique** et de son **salaire**. Elle n'a rien dit de ses centres d'**intérêts**. Et s'il **se révèle ennuyeux** comme un jour de pluie.

Tout à coup, je **me souviens** d'une chose. Sa date de naissance. Si je veux avoir une image réelle de sa personnalité, il faut demander l'aide de l'astrologie. C'est logique. Il y a des gens qui dès le premier rendez-vous demandent « *T'es quel* **signe** *?* » et puis il y a les autres. Moi, je suis dans le premier groupe.

Voilà, je trouve sur internet qu'il est **Capricorne**. Ok, ça aurait pu être pire. Voyons. Le signe du Capricorne est le plus **raisonnable**, le plus calme, mais avec une tendance à **fuir** les **disputes**. Il est **dévoué** aux autres et on peut **compter sur** lui. Il est **sincère, honnête et fiable**. Cependant, il déteste **la tromperie** et ne pardonne jamais. Parfois, il peut aussi être **avare**. Il peut paraître **dur** et **froid** car il ne parle pas de ses problèmes.

Il déteste les **imprévus** car il est lié à l'organisation. Sur le plan émotionnel et physique, il est assez **fragile** et parfois **dépressif. Perfectionniste, introverti,** ce qui peut **poser des problèmes** en amour. Il rencontre des difficultés à trouver **l'âme sœur**, mais une fois en couple, il est fidèle et stable. **Le poids** est également son principal problème, car il ne fait pas attention à son **alimentation**.

Donc, un mec fidèle avec des difficultés à trouver son âme sœur. C'est justement ce que je cherche. Voyons maintenant quels sont les signes **compatibles**, puisque certaines combinaisons ne **marchent** pas. Les meilleurs signes compatibles avec un Capricorne sont le **Poisson, le Taureau, le Scorpion** ou **la Vierge**.

D'accord, je ne suis ni Poisson, ni Taureau, ni Scorpion, ni Vierge. Je continue à lire. Mais pourtant, la pire combinaison de l'horoscope est Sagittaire et Capricorne. Voulez-vous deviner mon signe ? Sagittaire, bien sûr. **La chance** que j'ai. C'est décidé. J'**annule** le rendez-vous.

Résumé de l'histoire

Une jeune fille célibataire qui déteste les rendez-vous à l'aveugle, finit par accepter un tel rendez-vous. Tout est à cause de sa voisine, Marthe, qui habite au même étage. Marthe lui montre chaque jour des photos de son cousin qui est aussi célibataire. La jeune fille ne sait pas refuser et accepte finalement de rencontrer son cousin. Mais, avant de se rencontrer avec le jeune homme, elle commence à être nerveuse et se rend compte qu'elle ne sait rien de lui, sauf sa date de naissance. Alors, elle décide de trouver son signe astrologique et de voir s'ils sont compatibles.

Synopsis of the story

A young single girl who hates blind dates ends up agreeing to one. It all happens because of her neighbor, Marthe, who lives on the same floor. Marthe wants to match her cousin, a good-looking young man, with someone. Ultimately, the young girl does not know how to refuse and agrees to meet Marthe's cousin. As she gets closer to meeting the young man, she begins to get nervous and realizes that she doesn't know anything about him except for his date of birth. She decides to look up his horoscope sign and to find out if they are compatible.

Vocabulary and Expressions

un rendez-vous à l'aveugle - a blind date
une journée - a day
nettoyer - to clean
nerveux / nerveuse - nervous
une pharmacie - a pharmacy
calme - calm
d'être honnête - to be honest
sembler - to seem
d'habitude - usually
une offre - an offer
un voisin / une voisine - neighbour
arreter - to stop
célibataire - single, a bachelor
sage - wise
ennuyant / ennuyante - annoying
un mec - a guy
grand / grande - tall
précis - accurate, specific
un goût - a taste, a flavor
charmant / charmante - charming
être situé - situated
un arrondissement - a district
stable - steady, firm, stable
un programmeur - a programmer
admettre - to admit
moche - ugly
terrible - terrible
propre - clean
lécher - to lick
le sol - the floor
raconter - to tell about, to narrate
à propos - about, related to
une doute - a doubt
une louange - a praise
proche - close, nearby

ni les uns, ni les autres - neither one nor the other

mal - wrong, bad

une apparence physique - a physical appearance

un salaire - a salary

un centre d'intérêt - interest

se révéler - to turn out

ennuyeux / ennuyeuse - boring, annoying, dull

tout à coup - suddenly, all of a sudden

se souvenir - to remember, to recall

une signe - a sign

raisonnable - reasonable, sensible

fuir - to run away

disputer - to argue

dévouer - to devote

compter sur quelqu'un - to count on someone

sincère - genuine, sincere

honnête - honest

fiable - reliable

une tromperie - a deception

avare - stingy

dur / dure - hard

froid / froide - cold

imprévu - unexpected

fragile - delicate

dépressif / dépressive - depressed

perfectionniste - perfectionist

introverti / introvertie - introverted

poser des problèmes - to cause issues

une alimentation - a diet

une âme soeur - a soulmate

un poids - a weight

compatible - compatible

marcher - to walk

un Poisson - a Pisces

un Taureau - a Taurus

un Scorpion - a Scorpio

une Vierge - a Virgo

la chance - luck
annuler - to cancel

Comprehension Questions

Sélectionnez une seule réponse pour chaque question.

1. Qu'est-ce que la jeune fille pense des rendez-vous à l'aveugle ?
   A. Elle préfère les rendez-vous à l'aveugle.
   B. Elle pense que les rendez-vous à l'aveugle sont tristes.
   C. Elle n'a jamais eu de rendez-vous à l'aveugle.
   D. Elle pense que les rendez-vous à l'aveugle sont la meilleure possibilité de se marier.

2. Pourquoi la jeune fille nettoie-t-elle son appartement ?
   A. Parce qu'elle a célébré son anniversaire.
   B. Parce qu'elle adore nettoyer pendant son temps libre.
   C. Parce qu'elle va avoir le rendez-vous dans son appartement.
   D. Parce qu'elle est nerveuse.

3. Que veut dire la métaphore « *comme un jour de pluie* » ?
   A. Ennuyant
   B. Divertissant.
   C. Froid.
   D. Que l'automne est arrivé.

4. Quelles sont les caractéristiques d'un Capricorne ?
   A. Fragile, sincère, fiable et adore les imprévus.
   B. Sincère, parfois dépressif, introverti et fiable.
   C. Perfectionniste, dévoué aux autres, rarement fiable.
   D. Aventurier, fiable, sincère, introverti.

5. Quelle est la pire combinaison de signes ?
   A. Sagittaire et Capricorne
   B. Taureau et Capricorne
   C. Vierge et Sagittaire
   D. Capricorne et Lion

Grammar Notes

Adjectives

Whenever you are describing something, a place, or a thing, you need **an adjective.** The French adjectives present a bit more difficulty than the English ones. The reason is that French adjectives need to agree with the word they describe, in gender (masculine and feminine) and number (singular and plural). In fact, in French, all words in a sentence must agree with each other: verbs agree with the subject, adjectives agree with the noun or pronoun and so on.

Let's see some examples.

Singular masculin - *un grand garçon*. Singular feminine - *une grande fille*.

Plural masculin - *des grands garçons*. Singular feminine - *des grandes filles*.

As you may notice, what's one word "tall" in English, it's 4 different variants in French to express:

- Singular masculin
- Singular feminine / add **-e**
- Plural masculin / add **-s**
- Plural feminine/ add **-es**

Now, let's learn more about the rules we need to form a feminine adjective in French. You learned by far that there's always a regular and irregular side of the story. We'll treat them separately in the chapters to come. Let's get started.

Regular Adjectives - Forming the feminine adjective

Luckily, the general rule is simple. Take the basic form of an adjective (which is always masculine) and add **-e**, to create a feminine form.

Grand + e / *grande*
Petit + e / petite

25

It's important to note that adding this **-e** causes the formerly silent consonant to be pronounced. However, if -e is added to a vowel, the pronunciation remains unchanged.

Be careful when you spot masculine adjectives ending in **-e, -eux, -f,** and **-er**, because for those, you do not simply add **-e.** Here's a useful table to help you form feminine form easily.

Masculine adjective endings	Feminine endings	Examples Masculine to Feminine
é	add **-e**	âgé - âgée situé - située devoué - devouée
eux	change to **-euse**	ambitieux - ambitieuse dangereux - dangereuse curieux - curieuse sérieux - sérieuse
f	change to **-ve**	neuf - neuve naïf- naïve actif - active
er	change to **-ère**	cher - chère fier - fière étranger - étrangère
ending in consonants	**double the final consonant** before -e ending	ancien - ancienne bon - bonne cruel - cruelle gentil - gentille bas - basse

Irregular Adjectives - Forming the feminine adjective

If you are wondering what makes adjectives irregular, let us tell you. The term irregular adjective is used when an adjective changes completely in the feminine form for no logical reason. The most common example is *"beau"* which becomes "*belle*" in the feminine form. The sad truth about irregular adjectives is that they must be learned by heart.

Masculine	Feminine
beau	belle
blanc	blanche
doux	douce
faux	fausse
frais	fraîche
inquiet	inquiéte
long	longue
nouveau	nouvelle
public	publique
vieux / vieil	vieille
secret	secrète

Same form for feminine and masculine adjectives

Singular adjectives that end in silent -e, stay the same in feminine form. The spelling and pronunciation remain the same. That's the case with adjectives like: "*aimable*", "*célèbre*", "*faible*", "*malade*", "*propre*", "*triste*", "*sincère*", etc.

Regular Plural Adjectives

We know it's been tough accepting that you have to learn not only adjectives, but also learn to form the feminine forms. We have to inform you that it's not the end. There's a whole new set of rules to create plural forms for both masculine and feminine adjectives.

Luckily again, most adjectives will take a simple rule of adding **-s** to the adjective. It's actually the same rule as when forming a plural noun.

Un grand lac - Deux grands lacs
Une belle fille - Cinq belles filles
Do not add -s if the adjective ends in -s or -x.
Singular - *français*. Plural - *français*.

Singular - *dangereux*. Plural - *dangereux*.
Il est surpris. Ils sont surpris. Elle est surprise. Elles sont surprises.
Masculine adjectives finishing in **-eau** and **- al** change to **-eaux or -aux.**

Singular Adjective - **eau, -al**	Plural masculine - **eaux / aux**	Plural feminine
loy**al**	loy**aux**	loyales
b**eau**	be**aux**	belles
nouv**eau**	nouv**eaux**	nouvelles

You'll notice that the same rules apply when forming plural nouns. Take a look at our example.

un beau chapeau - des beaux chapeaux.

Irregular Plural Adjectives

In French, three very common adjectives have special forms in front of masculine nouns that begin with a vowel or a vowel sound.

- **nouveau** - new
- **beau** - beautiful
- **vieux** - old

Adjective	In front of a masculine noun starting with a vowel	In front of a feminine noun starting with a vowel
nouveau C'est un nouveau système.	**nouvel** C'est un nouvel hôtel .	**nouvelle** C'est une nouvelle avenue.
Beau C'est un beau plat.	**bel** C'est un bel homme.	**belle** C'est une belle femme.

Vieux	vieil	vieille
C'est un vieux métier.	C'est un vieil <u>h</u>omme.	C'est une vieille femme.

Be aware that the adjectives "nouvel", "bel" and "vieil" take this form only when placed in front of a noun starting with a vowel or vowel sound.

Superlatives

When comparing, the superlative is used to express the extremes. You could use superlatives to talk about someone or something that is, the best, the worst, the tallest, the shortest etc. Superlatives are always used when comparing three or more things or people.

Take a look at superlative examples in both gender and number.

*Elle est la fille **la plus intelligente**. - She is the most intelligent girl.*

*Elle est la fille **la moins intelligente**. - She is the least intelligent girl.*

*Il est le garçon **le plus intelligent**. - He is the most intelligent boy.*

*Il est le garçon **le moins intelligent**. - He is the least intelligent boy.*

*Elles sont les filles **les plus intelligentes**. - They are the most intelligent girls.*

*Ils sont les garçons **les plus intelligents**. - They are the most intelligent boys.*

To create superlative, you'll need:

le/la/les + plus/moins + adjective

Le - masculine singular noun
La - feminine singular noun
Les - masculine and feminine plural nouns

The best and the worst

People often see the world in polarities, black-white, the best-the worst. It's no wonder the most used adjectives in superlatives are adjectives "**bon**" (good) and "**mauvais**" (bad).

C'est la meilleure glace du monde. - This is the best ice cream in the world.

The adjective "**bon**" (good) in comparative and superlative:

Masculine singular - **bon** (good) -> **meilleur** (better) -> **le meilleur** (the best)

Feminine singular - **bonne** (good) -> **meilleure** (better) -> **la meilleure** (the best)
Masculine plural - **bons** (good) -> **meilleurs** (better) -> **les meilleurs** (the best)
Feminine plural - **bonnes** -> **meilleures** (better) -> **les meilleures** (the best)
The adjective **mauvais** (bad) in comparative and superlative:
Masculine singular - **mauvais** (bad) -> **plus mauvais** (worse) -> **le pire** or **le plus mauvais** (the worst)
Feminine singular - **mauvaise** (bad) -> **plus mauvaise** (worse) -> **la pire** or **la plus mauvaise** (the worst)
Masculine plural - **mauvais** (bad) -> **plus mauvais** (worse) -> **les pires** or **les plus mauvais** (the worst)
Feminine plural - **mauvaises** (bad) -> **plus mauvaises** (worse) -> **les pires** or **les plus mauvaises** (the worst)

- *le plus mauvais or le pire (masculine singular)*
- *la plus mauvaise or la pire (feminine singular)*
- *les plus mauvais or les pires (masculine plural)*
- *les plus mauvaises or les pires (feminine plural)*

Conjunctions

Conjunctions are there to help us connect two separate ideas together in a meaningful sentence. With conjunctions, we can connect two words, phrases or sentences. Alternatively, think of them as the glue that holds your sentences together.
There are two types of French conjunctions: **coordinating and subordinating** (more on these to come).
First, we'll take a look at seven coordinating conjunctions, or linking words, in French.

- **et** (and) - *Elle me voit aux escaliers **et** immédiatement commence à parler de son cousin.*
- **ou** (or) - *__Ou__ aux louanges de ses amis proches.*
- **mais** (but) - *Une femme sage **mais** ennuyante quand même.*
- **donc** (so, therefore) - *__Donc__, un mec fidèle avec des difficultés à trouver son âme sœur.*

- **ni** (neither...nor) - *D'accord, je ne suis **ni** poisson, ni taureau, ni scorpion, ni vierge.*
- **or** (now, yet) - *Les meilleurs signes compatibles avec un Capricorne sont le Poisson, le Taureau, le Scorpion **ou** la Vierge.*
- **car** (because) - ***Car** personne ne croit aux louanges de sa famille.*

If it's difficult to memorize all these words at once, there's a cute mnemonic that helps children remember the seven coordinating conjunctions: "***Mais où est donc Ornicar?***" *(mais ou et donc or ni car).*

Nevertheless, make sure you don't confuse the adverb *'où'* (where) with *'ou'* (or).

Key takeaways

- French adjectives differ from English because they agree with nouns or pronouns they describe in both gender and number.
- Each French adjective comes in four different forms (masculine singular, feminine singular, masculine plural, feminine plural).
- The general rule to create feminine adjectives is by adding **-e** to a masculine adjective.
- Masculine adjectives ending in **-e, -eux, -f,** and **-er**, do not follow the general rule of adding -e to form the feminine form. To form the feminine form, masculine adjectives ending in **-e**, add **é**, *ending in -**eux** change to **-euse**, ending in **-f** change to **-ve**, **ending in consonant** - **double the consonant** before adding **-e**.
- Some adjectives have the same form for masculine and feminine (*aimable, célèbre, faible, malade, propre, triste, sincère etc.*).
- Irregular masculine adjective "**beau**" turns into "**belle**" in feminine form.
- To create a plural form, the general rule is to add **-s**, except if the adjective already ends in -s, or -x. In the case an adjective finishes in -s or -x, nothing is added.
- Masculine adjectives finishing in *-eau and - al change to -eaux or -aux.*

- Masculine adjectives **"beau"**, **"nouveau"**, and **"vieux"** have one more masculine form (**"bel"**, **"nouvel"**, **"vieil"**) that is used in front of masculine nouns beginning with a vowel or a vowel sound.
- Linking words or conjunctions help us connect two ideas into one sentence. These are '**et**' (and), '**ou**' (or), '**mais**' (but), '**donc**' (so, therefore), '**ni**' (neither...nor), '**or**' (now, yet) and '**car**' (because).

After learning how to describe the world around us and how to easily connect your ideas, in the next chapter you'll learn to express quantities and talk about food.

Chapter 3: Expressing Quantity and Cooking

« *Les rêves sont la nourriture des dieux.* »

- Paul Ohl

After discussing daily habits and meeting people in the previous chapters, we now focus on one thing humans can't live without. It's divinity - the food.

Imagine you fly to Paris and you are unable to ask for a baguette or order coffee. A horrific situation. In this chapter, we follow a day in the life of a food blogger. You will learn how to express quantity, bargain on the market, and buy everything from your list. However, even though we mention bargaining in the story, you should never bargain in France, since it is considered extremely rude.

L'art de manger

La nourriture, c'est des émotions. **L'odeur, la texture** et **le goût** de notre gâteau préféré peuvent nous rappeler les **souvenirs** de l'enfance. On ne **jouit** pas seulement de l'arôme et de **l'odeur**, mais aussi du moment qui nous **rappelle le bonheur**. Tel est le pouvoir **des madeleines** de ma grand-mère. Tous les dimanches, elle prépare des madeleines avec amour. Elle se lève très tôt le matin pour avoir les madeleines prêtes pour **le petit déjeuner**. Toute la famille **autour de la table** prend les petits gâteaux **avec plaisir**. Les adultes les prennent avec du café, les enfants avec du chocolat chaud. À table on commence à **faire des projets** pour la journée. Quelques fois on va faire un pique-nique, ou aller à la piscine, se promener dans la forêt, **faire voler un cerf-volant**, dessiner. J'adore me rappeler de ces jours divins.

Ma grand-mère m'a donné envie de **cuisiner** moi-même. Passionnée par la cuisine et l'art culinaire, j'ai décidé de **transmettre** mon **savoir-faire** et ma passion au travers d'articles de blog. Le premier plat à **publier** sur mon blog est « Délice Céleste », **la recette** pour les madeleines de ma grand-mère. En 2021, je deviens l'une des dix plus importantes influenceuses cuisine au monde. Ma grand-mère, Marthe, est tellement **fière** de moi. Elle m'aide **régulièrement** avec ses recettes et **conseils** de cuisine. Je propose à mes visiteurs des recettes **faciles** et rapides à faire, et **j'essaie** toujours d'impressionner mes amis et **d'épater** mes invités. Et il y en a pour tous les goûts ! Je suis plus particulièrement spécialisée dans les recettes françaises, italiennes et marocaines.

Aujourd'hui c'est **l'anniversaire** de ma grand-mère et je prépare **une fête surprise.** Bien sûr, étant blogueuse, je filme chaque pas, du moment où je vais à **l'épicerie** jusqu'à la préparation des plats.

Je vais avec ma meilleure amie, Charlotte, qui est aussi photographe. C'est notre rituel de partir très tôt le matin et de prendre le petit déjeuner au café **en face du** marché. Je prends du café et des croissants et puis je bois de **l'orangeade**. Elle prend du yaourt, du fromage et du jambon.

Le petit déjeuner fini, nous allons au marché pour acheter **des ingrédients frais**. J'achète. Je parle avec les vendeurs, je **négocie** le prix. Elle **filme**.

Tout d'abord, je sors ma **liste de courses**. Elle est longue. J'achète toujours beaucoup de fruits et peu de légumes. Heureusement, c'est l'été. Je vois une dame avec **des pastèques énormes**. Je **m'approche**.

« Bonjour madame ! **Combien coûte** un kilo de pastèque ?
– **Ça fait** 1 euro le kilo.
– Donnez-moi une grande pastèque ! Celle-ci **a l'air bien**.
– 9 kilos.
– Parfait.

– Je voudrais aussi un kilo de citron, trois oranges, deux kilos de pêche, **un paquet** d'olives, deux bananes, et encore... »

J'entends mon amie dire :

« C'est trop de fruits. Nous n'avons pas besoin d'autant, merci. Tu es **folle** ! Quelqu'un doit porter tout ça !

– Ah, oui. Tu as raison. J'**oublie** que je n'ai pas pris la voiture aujourd'hui.

– **Combien dois-je payer ?**

– 25 euros, s'il vous plaît.

– Voilà madame. »

Mon amie, déjà **énervée**, crie :

« Je vois pourquoi tu m'appelles à chaque fois que tu **fais des courses** ! Je suis une artiste moi. Je ne suis pas ici pour porter des pastèques. » dit-elle en prenant notre lourde pastèque.

Je **rigole**. Elle rigole aussi. Pour un moment, je me sens **confuse**. J'ai complètement oublié ce qu'il faut acheter.

Mon amie me regarde et crie « les madeleines ! » – « Ah oui. C'est vrai. »

Alors, les ingrédients nécessaires pour préparer le gâteau d'anniversaire. Je prends ma liste. Il me faut 3 œufs, **du sucre**, **de la farine**, **de l'huile**, **du lait**, **du beurre** et puis aussi **du café** et **du chocolat**. J'arrive dans un magasin.

« Bonjour madame.
– Bonjour.
– Je voudrais **une bouteille d'huile**, **un sachet de sucre**, **un sac de farine**, **un paquet de chocolat** et du café.
– C'est tout ?

– Non, je veux aussi du **miel** et du beurre.
– Voici le miel et le beurre.
– **Vous désirez autre chose ?**
– Oui, je prendrais aussi deux bouteilles de vin blanc. Ça fait combien ?
– 26 euros.
– Voilà, merci beaucoup madame. Au revoir. »

Maintenant, j'ai **beaucoup de** fruits, **assez de** vin, un **peu de** café et tous les ingrédients nécessaires pour faire un gâteau d'anniversaire.

Je dis à mon amie qu'on doit aussi passer chez **le fleuriste** pour acheter un bouquet de roses jaunes pour **décorer la table**. Avec la caméra dans une main et la pastèque dans l'autre, elle me **regarde de travers** et on continue.

À la fin des courses, nous sommes **épuisées**. Je prends un moment pour me reposer et je commence à faire le gâteau. Mon amie n'arrête pas de filmer. Je casse des œufs, j'ajoute du lait et du beurre fondu, je mélange et mets le gâteau **au four**. Mon amie m'aide à **mettre la table** pour dix personnes et on entend quelqu'un **sonner à la porte**. Les invités viennent d'arriver. Ma grand-mère arrive la dernière et quelle surprise.

Résumé de l'histoire

Inspirée par les connaissances culinaires de sa grand-mère, une jeune fille lance son blog pour partager ses recettes culinaires. Elle devient l'une des dix premières influenceuses culinaires au monde. Avec l'aide de sa meilleure amie, elle documente chaque recette. Elle décide un jour d'organiser une fête surprise pour sa grand-mère et demande à son amie de faire les courses avec elle.

Synopsis of the story

Inspired by the culinary knowledge of her grandmother, a young girl starts to write about cooking on her own blog. She becomes one of the top ten food influencers in the world. With the help of her best friend, she documents each recipe. She decides to throw a surprise party for her grandmother one day and asks her friend to go grocery shopping with her.

Vocabulary and Expressions

de la nourriture - food
une odeur - a smell
une texture - a texture
un goût - a taste
se souvenir - to remember
jouir - to enjoy
le bonheur - happiness
rappeler - to remember
une madeleine - French cake, madelaine
un petit-déjeuner - a breakfast
autour de la table - around the table
avec plaisir - with pleasure
faire des projets - to make plans
faire voler un cerf-volant - to fly a kite
cuisiner - to cook
transmettre - to transmit, to convey
savoir-faire - know-how
un influencer / une influenceuse - an influencer
publier - to publish
fier / fière - to be proud of
régulièrement - regularly
un conseil - an advice
facile - easy
essayer - to try
épater - to impress someone
un anniversaire - an anniversary
une fête surprise - a surprise party
une épicerie - a grocery store
en face de - in front of
un ingrédient - an ingredient
une orangeade - an orange juice
negocier - to negotiate
filmer - to film
une liste de courses - a shopping list
une pastèque - a watermelon

énorme - large, enormous
s'approcher - to approach
combien coûte ... ? - How much costs ...?
ça fait - It is/ It costs
avoir l'air bien - to look good
un paquet de - a package of
fou / folle - crazy
oublier - to forget
combien dois-je payer ? - How much should l pay?
s'enerver - to get upset
faire les courses - to go shopping
rigoler - to laugh
confus / confuse - confused
du sucre - sugar
de la farine - flour
de l'huile - oil
du lait - milk
du beurre - butter
du café - coffee
du chocolat - chocolate
une bouteille de - a bottle of
un sachet de - a little bag
un sac de - a bag of
un paquet de - a package of
un miel - honey
vous désirez autre chose? - Do you want something else ?
beaucoup de - a lot of
assez de - enough of
un peu de - a little bit of
tant de - so many
un fleuriste - a florist
décorer la table - to decorate the table
regarder de travers - to look at someone with hostility, or dissatisfied
s'épuiser - to run out, to feel exhausted
casser - to break
au four - in the oven
mettre la table - to set the table

sonner à la porte - to ring the doorbell

Comprehension Questions

1. Quel est le métier du personnage qui raconte l'histoire ?
    A. Elle est photographe.
    B. Elle est chef dans un restaurant.
    C. Elle est blogueuse.
    D. Elle est la meilleure influenceuse du monde.
2. Quels ingrédients achètent-elles pour préparer le gâteau d'anniversaire ?
    A. Trois œufs, du sucre, de la farine, de l'huile, du lait, du beurre
    B. Du café, du lait, du sucre, trois œufs, du beurre, du lait, de l'huile.
    C. Trois œufs, du sucre, de la farine, de l'huile, du lait.
    D. Trois œufs, du sucre, de la farine, du lait, du café, du beurre.

3. Pourquoi Charlotte dit-elle « *Je suis une artiste, moi* » ?
    A. Parce qu'elle est l'une des dix meilleures photographes du monde.
    B. Elle est fâchée de devoir porter des sacs lourds chaque fois qu'elles vont au marché.
    C. Elle est photographe et là pour filmer, et pas pour porter des sacs lourds.
    D. Elle a une exposition de photos ce mois-ci.
4. Pourquoi Charlotte est-elle énervée ?
    A. Elle doit porter une pastèque de 9 kilos.
    B. Elle doit filmer toute la journée.
    C. Elle a une exposition importante.
    D. Elle pense que sa meilleure amie profite d'elle.
5. Pourquoi vont-elles au marché ?
    A. Pour filmer et avoir le matériel pour sa prochaine publication.
    B. Pour acheter des ingrédients pour la fête surprise.
    C. Pour trouver les ingrédients les moins chers.
    D. Pour préparer le déjeuner.

Grammar Notes

Expressing quantity

A quantitative word is a word that provides information on quantity, degree or importance. Quantity can be expressed with adverbs (**beaucoup, pas mal de, assez, très, trop**), adjectives (**plusieurs, quelques, etc**.) and numbers.

When we use adverbs to express quantity, then the form remains unchanged, while in the case of adjectives, the form is variable in gender and number.

It's important to make the difference between adjective and adverb, so you could be sure early on whether there's agreement or not.

Beaucoup d'enfants recevront des bourses. (beaucoup - adverbe)

Plusieurs enfants recevront des bourses. (plusieurs - adjective)

In French, the idea of quantity differs depending on whether the noun is countable or uncountable.

If you want to express quantity for countable nouns, there are multiple ways to do it.

- **adverbs:** *beaucoup, peu, assez, trop* (always followed by the preposition *de/d'*).
- **numbers:** *100 gr de chocolat, 50 gr de beurre, six œufs.*
- **nouns:** *un litre de, un kilo de, un paquet de, un verre de, un pot de, une brique de, une tasse de.*

Partitive articles

Sometimes, the quantity is not expressed. When that happens, we need partitive articles.

1. J'ai pris du café et des croissants.
2. Tu veux de la glace à la vanille ?
3. Au déjeuner, papa a mangé de la soupe, de la viande et des frites.

In the above examples, we see that the amount of what we drink, eat or buy is not determined. In the third example, it's stated that the father ate soup for lunch (but we did not specify whether he ate a plate of soup or...), meat (we don't know how much) and french fries (the amount is not specified either).

Partitive articles (*l'article partitif*) are used when the amount of what we drink, eat, buy, etc. is undefined. They correspond to masculine and feminine articles in singular and plural, and as any article they agree with the noun in gender and number.

Take a look at the following table.

Singular	Plural
Masculin - **du/de l'/de** Feminine - **de la / de l'/ de**	Masculin and Feminin - **des / de**

The partitive articles are used in French very often when we talk about food, drink, shopping, restaurant visits, cooking and similar situations, and when the amount of what we drink, eat, buy, own, order, add to food is not determined.

Let's make sure you comprehend articles in the context.

Du - in front of masculine, singular nouns.

Je prends du cafe.

Je bois du lait.

Je mange du poulet.

De la - in front of feminine, singular nouns.

Tu prends de la salade.

Tu achètes de la viande.

Tu manges de la confiture.

De l' - in front of feminine and masculine nouns that begin with a vowel or h.

Il prends de l'eau minérale

Nous buvons de l'orangeade.

J'achète de l'huile d'olive.

Des - in front of masculine and feminine nouns in plural.

Vous prenez des frites.

Je mange des pommes.

Tu achètes des tomates.

Partitive de

When the amount of what we take, drink, eat, order, buy, etc. is certain, we use the "***de partitif***". Adverbs like *peu, beaucoup, assez, trop* mean that the quantity of food is specified. Partitive ***de*** remains unchanged.
Take a look at our examples.
*J'ai pris **peu de** frites. - I took a few fries.*
*J'ai pris **beaucoup de** frites. - I took a lot of fries.*
*J'ai pris **assez de** frites. - I took enough fries.*
*J'ai pris **trop de** frites. - I took too many fries.*

Asking about quantities

To ask about quantities, you can use:

- **Combien + nom :** *Combien d'étudiants il y a dans la classe ? - How many students are there in the class?*

- **Combien + verbe :** *Combien coûte un kilo de viande ? Combien dois-je payer ? - How much does a kilo of meat cost? How much should I pay?*

Key takeaways

- Quantity can be expressed with adverbs (***beaucoup, pas mal de, assez, très, trop***), adjectives (***plusieurs, quelques, etc.***) and numbers.
- When we use adverbs to express quantity, there's no agreement with the noun, while in the case of adjectives, the adjective has to agree on gender and number.
- Partitive articles (*les articles partitifs*) are used when the amount of what we drink, eat, buy, etc. is undefined.
- Partitive articles agree with the noun on gender and number, and the forms are: ***de la, du, de l', des***.
- When the amount of what we take, drink, eat, order, buy, etc. is defined, we use *le partitif **de**. Le partitif de* does not change.

- To ask about quantities, use **Combien + nom, or Combien + verbe**.

So far, all our stories have been in the present tense. The next chapter will introduce you to the most commonly used past tense (*Passé Composé*), as well as possessive adjectives.

Chapter 4: My family

« Voyager, c'est partir à la découverte de l'autre. Et le premier inconnu à découvrir, c'est vous. »

- Olivier Föllmi

Communication involves a lot of storytelling. When we say storytelling, we mean not only fairy tales. Our past events are also stories. As you assume, this chapter will revolve around the most common French tense *"Le Passé Composé"*. And, as the name suggests, this is a complex tense. In this story, you'll find plenty of examples with both auxiliary verbs *avoir* and *être*, that are used to build this complex tense.

The following story is about a family that decides to live a nomadic life. Family is usually one of the most common topics in our lives. There are plenty of possessive adjectives used to talk about your family members. This story will surely inspire you to talk about your family, and perhaps to head off on a similar adventure around the world. Who knows?

Ma famille nomade

Bonjour les esprits libres !

Je m'appelle Léa et je voyage dans le monde avec ma famille. Il y a dix ans, notre vie s'est **transformée**. Nous avons choisi de **devenir** nomades. **Voyager dans le monde**, c'est l'idée de mon mari. **Pour être honnête**, au début, moi j'étais contre cette idée. Nos deux enfants ont à peine commencé l'école et puis, moi, j'aimais ma petite ville. Mais mon mari est une **tête de mule**. Il n'a pas arrêté d'essayer de me **convaincre** chaque jour, et moi, j'ai fini par **accepter**.

Mon mari est **photographe** et toujours **à la recherche** de nouveaux **endroits** à capturer avec son **appareil photo**. Il adore regarder ses photos et les **ranger** dans un album. Moi, je suis **écrivaine**, alors déjà nos métiers ne sont pas des travaux classiques. On n'est jamais allés dans un **bureau**. Si tu veux devenir nomade, c'est important d'avoir une telle **liberté**. Un jour, nous avons fait nos **sacs à dos** et nous nous sommes **dirigés** vers notre première destination. Comme ça, nous sommes devenus une famille nomade.

Avec deux enfants, nous sommes partis **explorer le monde** sur nos vélos. Bien sûr, notre famille a dit que c'était une **folie**. Ma mère, mon père, mes sœurs et mon frère étaient tous contre. **Même aujourd'hui,** 10 ans après, ils me **conseillent** de laisser ma vie d'**aventurière** pour avoir finalement **un domicile fixe**. Une sécurité, quoi. Mais, mon mari et moi, on voyage chaque jour et on ne **regrette** pas notre décision.

Pour nous, chaque jour est une **page blanche** à écrire, un **commencement**. Chaque soir nous dormons en **tente**. Parfois il fait froid, il pleut, il fait même -40 degrés Celsius, mais on aime notre petit **cocon**. Ne pas savoir ce qui nous attend demain pour nous est un **don**.

Bien sûr, avant de **se lancer** dans une telle **aventure**, il faut se préparer **à l'avance.** Aujourd'hui heureusement il y a plein de possibilités pour trouver un **travail en ligne** et comme ça on est devenu des **nomades digitaux.** Ensemble, nous avons commencé un blog pour partager nos écrits et photographies, nos **expériences** et réflexions pour inspirer les gens à **s'ouvrir** aux possibilités infinies.

Originaires de France, nous avons **parcouru** plus de 80 000 km sur 4 continents. Cette exploration est finalement une **incroyable** aventure intérieure.

Ma fille, Layla, a parcouru le monde sur plus de 25 000 km. Elle a **traversé** tant de **paysages** différents, de l'Asie jusqu'aux États-Unis. Elle adore rencontrer de nouveaux amis et parle six langues couramment. Layla écrit de nombreuses lettres à ses amies en plusieurs langues.

Mon fils Luca a déjà exploré les régions les plus **reculées** du monde. Il a **fait connaissance** avec des grizzlys et des loups, a **traversé la taïga** sibérienne, **le désert** et a **affronté** les -30°C sur sa petite bicyclette. Il aime dire que vivre **en pleine nature** lui fait se sentir comme un loup. **Fasciné** par les animaux sauvages, il adore les dessiner. On a tellement de desseins qu'on doit les envoyer à mes parents en France chaque mois.

Je pense que passer beaucoup de temps dans la nature aide l'enfant à se développer. Nos enfants respectent la nature et les autres cultures et ils sont toujours **prêts** à apprendre de nouvelles choses. Aujourd'hui nous traversons les Alpes. **Au sommet** d'une montagne, nous **plantons la tente**, buvons un thé camomille et regardons les Alpes.

Mes amies me demandent souvent **conseil** pour se lancer dans la même aventure. Le vrai **point commun** entre tous les nomades digitaux est d'avoir un job en ligne qui vous permet de travailler tout en voyageant. Avoir un job en ligne permet de découvrir de **merveilleux** endroits, tout en **exerçant** son activité. Nous aimons rester plus longtemps dans la même ville ou le même pays. Un mois, voire trois pour vraiment découvrir l'endroit et s'habituer un petit peu. Pour nous, **s'expatrier** a été la meilleure décision de notre vie. Imagine de **plonger** dans **l'inconnu** total.

Résumé de l'histoire

Une famille décide un jour de quitter sa zone de confort et de parcourir le monde à vélo. Pour mener une vie durable, ils devaient devenir nomades numériques. L'histoire est racontée du point de vue de la mère. Comme toutes les mères, Léa était d'abord contre l'idée, mais son mari a réussi à la convaincre. Ils avaient déjà tous les deux des emplois à distance, il n'a donc pas été difficile pour eux de devenir nomades. Léa est écrivaine, tandis que son mari travaille comme photographe. Ensemble, ils ont créé un blog pour partager leurs récits de voyage et leurs photos avec les autres. Leurs deux enfants, Layla et Luca aiment aussi voyager.

Synopsis of the story

One day, a family decides to leave their comfort zone and travel the world on a bike. To live a sustainable lifestyle, they needed to become digital nomads. The story is told from the mother's perspective. Like every mother, Lea was first against the idea, but her husband managed to convince her. They both already had remote jobs, so it wasn't difficult for them to become nomads. Lea is a writer, while her husband works as a photographer. Together they created a blog to share their travel stories and photos with others. Their two children, Layla and Luca also love traveling.

Vocabulary and Expressions

se transformer - to transform
devenir - to become
voyager dans le monde - to travel the world
être honnête - to be honest
être une tête de mule - to be a stubborn person
convaincre - to convince
accepter - to accept
(un, une) photographe - a photographer
être à la recherche de - to be in search of
un endroit - a place
capturer - to capture
un appareil photo - a camera
ranger - to store
un écrivain / une écrivaine - a writer
un bureau - an office
une liberté - freedom
un sac a dos - a backpack
se diriger - to head for

explorer le monde - to explore the world
une folie - a madness, craziness
même aujourd'hui - even today
conseiller - to advise
une vie d'aventurière - an adventurous life
un domicile fixe - a permanent place of residence
regretter - to regret
une page blanche - a blank page
un commencement - a beginning
un travail en-ligne - an online / remote job
un nomad digital - a digital nomad
une tente - a tent
un cocon - a cocoon
un don - a gift
se lancer - to embark on
une aventure - an adventure
à l'avance - in advance
une expérience - an experience
s'ouvrir - to open oneself to something
être originaire de - to come from, to be native to
parcourir - to travel around
incroyable - unbelievable
traverser - to cross, to go through
un paysage - a landscape
couramment - fluently
reculé - remote
faire la connaissance de quelqu'un - to get to know someone
la taïga - the taiga
un désert - a desert
affronter - to confront, to face
fasciner - to fascinate
être prêt - to be ready
au sommet - at the top
planter la tente - to set up / to pitch the tent
un conseil - an advice
un point commun - a thing in common
merveilleux / merveilleuse - marvelous

exercer - to practice
s'expatrier - to leave one's country
plonger - to dive
un inconnu - unknown (noun), a stranger (noun), unfamiliar (adjective)

Comprehension Questions

Sélectionnez une seule réponse pour chaque question.
1. Qui a eu l'idée de devenir une famille nomade ?
   A. Léa.
   B. Le mari de Léa.
2. Est-ce que leur famille était d'accord avec eux à propos de leur idée ?
   A. Oui.
   B. Non.
3. D'après Léa, qu'est-ce qui est nécessaire pour devenir un nomade numérique ?
   A. L'argent.
   B. Le projet.
   C. Le travail en ligne.
   D. Le vélo.
4. Quels sont les métiers de Léa et son mari?
   A. Léa est photographe et son mari est entrepreneur.
   B. Le mari de Léa est photographe et Léa est écrivaine.
   C. Léa ne travaille pas et son mari est photographe.
   D. Ils ont l'aide de sa famille.
5. Comment parcourent-ils le monde ?
   A. En minibus.
   B. En train.
   C. À vélo.
   D. À pied.
6. Que signifie l'expression « les régions les plus reculées du monde » ?
   A.   Les régions les plus éloignées.
   B.   Les régions les moins éloignées.
   C.   Les régions les plus dangereuses.
   D.   Les régions les plus cachées.

Grammar Notes

Passé Composé

Le passé composé is the most important past tense in French. It corresponds to two different English past tenses, the English simple past and in some contexts even with the present perfect. The *passé composé is used to talk* about completed actions in the past and also to emphasize the results or consequences in the present.

We form the *passé composé* using the auxiliary verbs *"avoir"* or *"être"* followed by the past participle *(le participe passé)* of the verb. A little reminder that auxiliaries are helping verbs, necessary when creating a compound tense. In French, there are only two auxiliary verbs: *"**avoir**"* and *"**être**"*.

How to form the *Passé Composé*?

Le Passé Composé is called this way because it is composed of two verb forms:

1. Auxiliaries "to have" or "to be" in the present indicative.
2. Past participle of the conjugated verb.

The tense finally looks like this:

Passé composé = *auxiliary + past participle*

Elle a fait un gâteau. - She made a cake.

As you can see, the conjugated verb *"avoir"* is followed by the verb *"faire"* in the past participle. If you are confused with the past participle at this moment, don't worry. Past participles have to be learned by heart, and it's okay if you don't know them already.

The reason we need two auxiliaries is that some verbs require *"avoir"*, and others *"être"*. Keep on reading to discover which verbs go with auxiliary *"**être**"* and which ones with *"**avoir**"*.

Verbs that go with auxiliary "*être*"

Verbs that go along with auxiliary "*être*" are specific, because they have to agree with the noun in gender and number.

When using the verb "*être*" as an auxiliary, the verb must agree with the subject in both gender and number.

- If the subject is singular feminine, add (-e)
- If the subject is plural masculine, add (-s)
- If the subject is plural feminine, add (-es)

Let's see how the verb "*entrer*" changes in Passé Composé.

- *Je suis entré* (entré**e** - feminine singular)
- *Tu es entré* (entré**e** - feminine singular)
- *Il est entré / Elle est entrée* (entré**e** - feminine singular)
- *Nous sommes entrés* (entré**es**- feminine plural)
- *Vous êtes entrés (entré**es** - feminine plural)*
- *Ils sont entrés / Elles sont entrées* (entrées - feminine plural)

There are 3 types of verbs that conjugate with "*être*".
- Verbs of movement (leave, go out, go down, come, fall down, arrive)
  aller, entrer, sortir, partir, arriver, monter, descendre, tomber, passer

- Verbs of state
  naître, mourir, devenir

- Pronominal Verbs
  Verbs that are accompanied by a reflexive pronoun: se laver, se lever, se baigner, se peigner, se souvenir, etc.

Verbs that go with auxiliary "*avoir*"

Most verbs construct the *passé composé* with "*avoir*", except for movement, state and pronominal verbs that go along with the auxiliary "*être*".

Let's take a look at how the verb "*finir*" changes in past tense.

- *J'ai fini*
- *Tu as fini*
- *Il a fini / Elle a fini*
- *Nous avons fini*
- *Vous avez fini*
- *Ils ont fini / Elles ont fini*

Possessive Adjectives

When you see an adjective, know that its purpose is to describe or determine something. In most cases, it's determining a noun more precisely. Possessive adjectives, also known as possessive determiners, belong to the same group as adjectives. The difference is possessive determiners are used to express ownership.

Specifically, French possessive adjectives tell us to whom or what the noun in questions belongs.

- *C'est <u>votre</u> valise. - That's <u>your</u> suitcase.*
- *Il est <u>leur</u> fils. - He is <u>their</u> son.*
- *Ce sont <u>nos</u> chiens. - They are <u>our</u> dogs.*

Today, we'll dive deeper into possessive adjectives and learn how possessive adjectives in French are different from the same category in English. You may be surprised.

18 French Possessive Adjectives

That's right. You heard well. There are 18 possessive adjectives in French. No wonder you are struggling with it. The expression of possession and belonging in French may not be as straightforward as in English, so let's find out why.

my book - **mon** livre

my house - **ma** maison

my books - **mes** livres

The main reason French has 18 possessive adjectives, while English has only 7, is that French nouns have masculine and feminine gender. It is only natural that the number of possessive adjectives triples given that adjectives agree with nouns in both gender and number.

Depending on the noun they describe, **French possessive adjectives** take different forms. In other words, if the noun is masculine and singular, the possessive adjective should be too. Let's kick things off by looking at all the possessive adjectives in their different variations.

The **masculine singular possessive adjectives** are: *mon, ton, son, notre, votre, leur.*

The **feminine singular possessive adjectives** are: *ma, ta, sa, notre, votre, leur.*

The **plural possessive adjectives** are the same for both genders: *mes, tes, ses, nos, vos, leurs.*

Note that the plural possessive adjectives are used to indicate the owners are more than 1, as well as the things owned.

Person	Masculine Singular	Feminine Singular	Masculine/ Feminine Plural
Je	**mon**	**ma**	**mes**
Tu	**ton**	**ta**	**tes**
Il/Elle/On	**son**	**sa**	**ses**
Nous	**notre**	**notre**	**nos**
Vous	**votre**	**votre**	**vos**
Ils/Elles	**leur**	**leur**	**leurs**

Exceptions

Without exceptions, wouldn't life be boring?

Well, it wouldn't. At least in French. But what can we do? Life can be hard when you want to be fluent in French.

The general rule is to always use (ma, ta, sa) in front of feminine nouns. However, if the word starts with a vowel or h, then you should use a possessive adjective that goes with masculine nouns (mon, ton, son).

That way we are going to say:

- *"**mon idée**",* instead of saying *"ma idée".*
- *"**ton histoire**",* instead of *"ta histoire".*
- *"**son auto**"* instead of *"sa auto",* etc.

Differences between French and English possessive adjectives

Let's begin with a riddle. Can you determine whether the French owner is masculine or feminine?

Son *chapeau.*

How about in English? **his** hat or **her** hat?

In English it's obvious, but not in French. That's because, in French, the gender of an owner is not relevant and it's impossible to determine whether the owner is masculine or feminine.

Instead, in French, we are considering the genre of a thing owned. In this case, *"son chapeau"* shows that the word chapeau is masculine.

Ready to take on another riddle?

his book - **his** books

son livre - **ses** livres

You'll notice that in English, the plural and singular forms of a noun do not affect the adjective in front of *"his book"* or *"his books"*. Whilst in French, the number affects the possessive adjectives.

Key takeaways

- The *passé composé* is used to talk about completed actions in the past and also to emphasize the results or consequences in the present.
- We form the *passé composé* using the auxiliary verbs "*avoir*" or "*être*" followed by the past participle *(le participe passé)* of the verb. ***passé composé = auxiliary + past participle.***
- Most verbs construct the *passé composé* with "*avoir*", except for movement, state and pronominal verbs that go along with the auxiliary "*être*".
- When using the verb "**être**" as an auxiliary, the verb must agree with the subject in both gender and number. It is not needed if you use "*avoir*" as an auxiliary.
- French possessive adjectives must agree in number and gender with the noun or pronoun they stand with, and that's the reason why there are **18 possessive adjectives** in French.
- The masculine singular possessive adjectives are: ***mon, ton, son, notre, votre, leur***.
- The feminine singular possessive adjectives are: ***ma, ta, sa, notre, votre, leur***.
- The plural possessive adjectives are the same for both genders: ***mes, tes, ses, nos, vos, leurs***.
- If the feminine noun starts with a vowel or h, then you should use a possessive adjective that typically goes with masculine nouns (mon, ton, son).
- In French, the gender of an owner is not relevant as it is in English. That's why it's impossible to determine whether the owner is masculine or feminine.

We want to congratulate you on successfully completing this chapter. It was quite a challenge. In the next chapter, you will learn how to talk about the weather and how to use prepositions *de* and *à*.

Chapter 5: Traveling and Weather

« L'espace est un corps imaginaire, comme le temps un mouvement fictif. »

- Paul Valéry

Paris has a reputation for being a rainy place, and everyone seems to be worried about the weather. Parisians constantly talk about the weather, hoping it won't rain again. After learning how to talk about the weather, you'll become the king of the small talk, once you set foot in Paris.

During the following story, you will encounter a meteorologist and learn several terms associated with the weather, as well as how to use the most common prepositions in French: *à* and *de*.

Autour du monde avec un météorologue

Le travail d'un jeune garçon qui s'appelle Lazarus, **d'origine** espagnole, est de visiter les destinations touristiques les plus **tendances**. Il est **météorologue**, mais comme il aime voyager, il a **décidé** de rendre visite aux météorologues **autour du monde**. Il **rend visite à** ses **collègues** météorologues pour savoir quelle est la meilleure **saison** pour visiter leurs pays. Il a rendu visite à ses collègues en Chine, aux États-Unis, en Italie, au Portugal, en Irak et aux Maldives. Il habite à Nice, mais il est originaire de Séville.

Comme il est nomade, il a déjà visité les plus grandes villes du monde. Il a visité Bordeaux, Rome, Moscou, Beijing, Barcelone et New York. Il a même visité la Colombie deux fois.

Et, **pendant** l'un de ses voyages, il a eu l'idée d'écrire **des reportages** sur le climat. Il a choisi le pire moment pour aller en Inde, pendant **la mousson** d'hiver. Il a passé les dix jours à l'hôtel. Puis, il a rencontré d'autres touristes qui **se sont trompés**. Quelques touristes sont venus de France, du Sénégal, des États-Unis. Et ils ont tous dû **passer** leurs vacances **enfermés**.

Depuis ce voyage, chaque année, Lazarus visite les destinations les plus tendances. Grâce à ses reportages, les touristes connaissent la meilleure saison pour visiter chaque pays.

Sa première destination est l'Islande. L'Islande est devenue **la destination à la mode**. Lazarus est arrivé à **la gare** et attend son collègue qui vient d'Espagne.

En Islande, **il y a du soleil** mais **il fait très froid**. **Le vent souffle** où il veut.

« J'espère que vous avez apporté **des vêtements chauds** ? Il entend **une voix** derrière son **dos**.
– Bonjour Santiago.
– Bonjour Lazarus. Bienvenue en Islande. Ici, **il fait plus froid qu'**en Espagne.
– Oui, je vois. **Il gèle.**
– Allons vous installer dans un hôtel et on va prendre un café. »

Un rayon de soleil caresse le visage de Lazarus et **une goutte d'eau** tombe sur sa main. **Le soleil brille** et **il pleut** en même temps. C'est bizarre.

« **Quel temps fait-il ?**
– Aujourd'hui **il fait chaud**. **Il fait moins 5 degrés**.
– Chaud, vous dites !
– **Quel est le climat en Islande ?** demande Lazarus.
– L'Islande a **un climat océanique**, un peu plus **tempéré**. Grâce au **Gulf Stream** les températures ne sont pas tellement froides. En hiver, il fait froid, un vent est souvent présent, avec de fortes **tempêtes de neige**.

– Et quelle est **la température moyenne** ?

– **Environ** 0°C, mais toujours **négative** dans **l'intérieur de l'île**.

– Alors, vous ne **conseillez** pas de venir en hiver ? répond Lazarus.

– Si, pour les gens qui viennent voir les **aurores boréales**, **ajoute** le météorologue.

– Quand est-ce que le climat est le plus **agréable** ?

–Pendant l'été, le climat est vraiment agréable. La température moyenne est d'environ 15°C. Mais le ciel n'est jamais complètement **ensoleillé. Les précipitations** sont fréquentes. Pour profiter le plus, je dirais que l'été est **la saison idéale**.

– Est-ce qu'il y a du vent en hiver ?

– Les vents dominants sont des **vents d'ouest**. Les vents d'est sont très rares.

– Et **les orages** ?

– Les orages sont extrêmement **rares** en Islande.

– **Au moins ça.**

– Finalement, vous conseillez de visiter l'Islande aux **mois** de mai, juin, juillet et août pour **admirer ses paysages**.

– Oui, certainement. Quelle est votre dernière destination ?

– Le mois dernier, je suis allé à Bali.

– Racontez-moi cette histoire de Bali.

– Bali est **une île** d'Indonésie, **située à l'est** de Java. Le paysage de Bali est **particulier**, fait de **montagnes,** de **volcans,** de **forêts,** de **plages.** Sur l'île, on **profite** d'**une chaleur** constante, toute l'année. Le climat de Bali représente un vrai contraste entre les journées de pluie et les journées de soleil.

Bali connaît deux saisons, l'hiver et l'été. **La saison sèche s'étend** d'avril à octobre. De décembre à février, **il pleut constamment.** Des précipitations **atteignant** 300 mm d'eau. Pendant la saison des pluies, le soleil brille quelques heures par jour, et il pleut environ trois heures le matin et trois heures le soir.

Durant les mois de mars, avril, octobre et novembre, les pluies sont moins **nombreuses**, et les températures plus **élevées**. Pendant cette période-là, **les averses** sont normales. Puis, de juin à septembre, les précipitations sont rares. En même temps, ces mois sont les plus chauds, parce qu'il manque d'**humidité**.

La période la moins **prisée par les touristes** est durant les mois d'octobre et novembre. Je recommande ces mois pour les gens qui cherchent **des vacances calmes**.

– Ça a l'air bien. Le climat de Bali est beaucoup plus agréable qu'en Islande. Et quelle est votre prochaine destination ?
– Tout d'abord je dois aller rendre visite à ma famille en Espagne et puis je pars à Dakar, au Sénégal. Je reste là-bas deux semaines, et après je vais aux Pays-Bas.
– Ah, vous vivez **la vie de rêve**. »

Résumé de l'histoire

C'est l'histoire d'un jeune garçon qui s'appelle Lazarus, d'origine espagnole. Il est météorologue, mais comme il aime voyager, il a décidé de rendre visite aux météorologues autour du monde. Il rend visite à ses collègues pour savoir quelle est la meilleure saison pour visiter leurs pays et écrire des reportages. Lazarus a la chance de visiter les destinations touristiques les plus tendances. Tout d'abord, il part en Islande pour rencontrer Santiago, son collègue d'Espagne. Santiago lui décrit le climat islandais. À la fin, Lazarus parle de Bali, sa dernière destination et ses futurs projets.

Synopsis of the story

It is the story of a young boy named Lazarus, of Spanish origin. He is a meteorologist, but since he likes to travel, he decided to visit meteorologists around the world. He visits his colleagues to find out what is the best season to visit these countries and writes articles about it. Lazarus has the chance to visit the trendiest tourist destinations. First of all, he goes to Iceland to meet Santiago, his colleague from Spain. Santiago tells him about the weather in Iceland. Finally, Lazarus talks about Bali, his last destination and upcoming trips.

Vocabulary and Expressions

une origine - an origin, root
une tendance - a trend
un, une météorologue - a meteorologist
décider - to decide
autour du monde - around the world
rendre visite à - to visit someone
un, une collègue - a colleague
pendant - while
un reportage - a report
une mousson - a monsoon
se tromper - to mislead, to make a mistake
passer - to pass
être enfermé - to be locked up
une destination - a destination
à la mode - to follow the latest fashion
une gare - a station
Il y a du soleil. - It's sunny.
Il fait très froid. - It's very cold.
Le vent souffle. - It's windy.
les vêtements chauds - warm clothes
une voix - a voice
un dos - a back
il fait plus froid que - It's colder than
Il gèle. - It's freezing.
un rayon de soleil - a sun ray
caresser - to caress
un visage - a face
une goutte d'eau - a water drop
briller - to shine
Il pleut. - It's raining.
Quel temps fait-il ? - What's the weather like?
Il fait chaud. - It's hot.
Il fait moins 5 degrés. - It's minus 5 degrees.
un climat océanique - an oceanic climate

tempéré - temperate
le **Gulf Stream** - the Gulf Stream
une tempêtes de neige - a snowstorm
une température moyenne - an average temperature
environ - about
négatif / négative - negative
l'intérieur de l'île - inside of the island
conseiller - to advise
une aurores boréale - an aurora borealis, northern lights
ajouter - to add
agréable - pleasant
ensolleillé - sunny
des précipitations - rainfalls
une saison idéale - an ideal season
des vents d'ouest - west winds
un orage - a storm
au moins - at least
un mois - a month
admirer les paysages - to admire the landscapes
une île - an island
située à l'est - located in the east
particulier - particular, specific
une montagne - a mountain
un volcan - a volcano
une forêt - a forest
une plage - a beach
profiter de - to thrive, to enjoy
une chaleur - a heat
une saison sèche - a dry season
s'etendre - to extend, to unroll
Il pleut. - It's raining.
constamment - constantly
atteindre - to reach, to get to
nombreux / nombreuse - many, numerous
élever - to raise
une humidité - a humidity
prisé par les touristes - popular with tourists

des vacances - holidays
une vie de rêve - a dream life

Comprehension Questions

Sélectionnez une seule réponse pour chaque question.
1. Quelle est la profession actuelle de Lazarus ?
    A. Météorologue.
    B. Journaliste.
    C. Voyageur.
2. Pourquoi Lazarus voyage autour du monde ?
    A. Pour visiter les pays les plus tendances.
    B. Pour écrire sur le changement climatique.
    C. Pour écrire des reportages sur le climat des pays tendances.
    D. Pour rencontrer ses collègues météorologues.
3. Qu'est-ce que ça veut dire visiter les destinations les plus tendances ?
    A. Visiter les destinations les plus cachées du monde.
    B. Visiter les destinations à la mode.
    C. Visiter les destinations avec le meilleur climat.
    D. Visiter les pays en développement.
4. Quels sont les meilleurs mois pour visiter l'Islande ?
    A. Mai, juin, juillet et août.
    B. En hiver.
    C. D'avril à octobre.

5. À Bali, pendant la période des pluies...
    A. Il pleut toute la journée.
    B. Il pleut deux heures le matin.
    C. Il pleut trois heures le matin et trois heures le soir.
    D. Il ne pleut pas.

Grammar Notes

Talking about the Weather

Talking about the weather in French poses a couple of common issues for all beginners. Many English speakers get confused since the verb they use to explain "*It's raining*" is the verb "*être*", while French use the verb "*make*" or "***faire***". More specifically, the weather in French is explained with the impersonal expression "***il fait***". "*Il fait*" refers to "it's" or " the weather is".

There are 3 ways to ask about the weather in French:

- ***Quel temps fait-il ?*** - *What's the weather like?*

- ***Combien fait-il ?*** - *What temperature is it?*

- ***Quelle température fait-il ?*** - *What temperature is it?*

The most common way to ask about the weather is the question "*Quel temps fait-il ?*"

Let's take a look at 3 ways to respond or simply talk about the weather:

- **Il y a**
- **Il fait**
- **Il + verbe**

Il y a...

Il y a *du soleil. - There's sun.*

Il y a *du vent. - There's wind.*

Il y a *de la pluie. - There's rain.*

Or

Il fait....

You can use the expression *"il fait"* to answer the question *"**Combien fait-il ? Quelle température fait-il ?**"*

Il fait 25 degrés. - *It's 25 degrees.*

Il fait moins dix. - *It's minus ten.*

Il fait chaud. - *It's hot.*

Il fait froid. - *It's cold.*

Il + verb (pleuvoir, neiger, venter)

Il pleut. - It's raining.
Il pleut à verse. - It's pouring rain.
Il neige. - It's snowing.
Il vente. - It's windy.

C'est + adjective

C'est *pluvieux. - It's rainy.*
C'est *humide. - It is wet.*
C'est *orageux. - It's stormy.*
C'est *nuageux. - It's cloudy.*
C'est *ensoleillé. - It's sunny.*
C'est *couvert. - It is overcast.*
Adding *"**très**"* in front of the adjective adds more intensity to any French adjective.
*Il fait **très** chaud. It's boiling.*
*Il fait **très** froid. It's freezing.*

Prepositions of Place

Time and space are fundamental to how humans perceive the world. To locate someone or something in space, we locate things in comparison with other things. Prepositions help us to describe the direction of a place and orient ourselves.

In this lesson, we'll learn the French equivalent of English prepositions (*in, on, at, to, with, after*). French prepositions are invariable, which means they have a unique form that never changes and doesn't agree with the noun in gender or number.

Preposition *À* vs *De*

There are two French prepositions that cause constant problems for French beginners. It's no wonder when they both have a variety of meanings. To make things worse, they are the most common French prepositions.

- *À* - shows the point of departure and destination, cause and consequence, means and outcome.
- *De* - indicates origin, point of departure, consequence, and belonging, as well as separation.

When translated to English, it sounds like this.

à - to, at, in

de - of, from

By comparing them, you'll be able to make a better distinction.

Je parle à mon petit ami. - I am speaking to my boyfriend.

Je parle de mon petit ami. - I am speaking of my boyfriend.

Or

Je viens de Rome. - I am coming from Rome.

Je vais à Rome. - I am going to Rome.

We mentioned that prepositions do not change in French, except for these two French prepositions (à, de). These prepositions tend to contract with articles (**le, la, l', les**). Here, we'll examine the preposition *à* that contracts.

If you want to express 'to the' or 'at the' in French, use:

à + article le/la/l'/les

- **au** before a masculine word (à + le)

Je vais au supermarché - I'm going to the supermarket.

- **à la** before a feminine word (à + la)

Elle est restée à la maison. - She stayed at home.

- **à l'** before a singular word beginning with a vowel or silent -h (à + l')

Tu as parlé à l'ami de Julien ? - Did you speak to Julien's friend?

- **aux** before a word in the plural form (à + les)

Vous allez aux États-Unis ? - Are you going to the USA?

English	Masculine	Feminine	Vowel or -h	Plural
To the / at the	à + le = au	à + la = à la	à + l' = à l'	à + les = aux

If you want to express 'from' in French, use:

de + article le/la/l'/les

- **du** before a masculine word (de + le)

Je viens du supermarché - I'm coming from the supermarket.

- **de la** before a feminine word (de + la)

Je viens de la piscine. I am coming from the swimming pool.

- **de l'** before a singular word beginning with a vowel or silent -h (de + l')

Je viens de l'auberge de jeunesse. - I am coming from the youth hostel.

- **des** before a word in the plural form (de + les)

Je viens des Pays-Bas. - I am coming from the Netherlands.

English	Masculine	Feminine	Vowel or -h	Plural
from	de + le = du	de + la = de la	de + l' = de l'	de + les = des

Prepositions of place (Cities, Towns, Countries)

If you are wondering why sometimes you say *"Je vais en France."* and sometimes *"Je vais au Portugal."* stay to unravel the mystery together.

You already know that all inanimate objects in French have gender (masculine or feminine). Well, continents, countries and regions follow the same concept. They are either masculine or feminine. To remember the gender, one must learn it by heart.

Take a look at the prepositions we use in front of the cities, towns, villages and countries, according to their gender and number.

- À - for cities/towns/villages
J'habite à Paris. I live in Paris.
- En - for feminine countries (countries ending with the letter -e)
J'étudie en France. I study in France.
- Au - for masculine countries
Je travaille au Brésil. I work in Brazil.
- Aux - for plural countries
Je suis né aux Pays-Bas. I was born in the Netherlands.

67

Exceptions are masculine countries beginning with a vowel, which take *en* to mean "to" or "in" and *d'* to mean "from."

Exceptional rules

We know that when you learn a new rule, you tend to use it everywhere. But, the preposition isn't always required. If the city or the country is subject or direct object, you do not need a preposition.

J'ai déjà visité Lyon.

Cannes est connue pour son festival.

If you are talking about a country, precede it with an article.

J'ai visité l'Italie trois fois.

Le Vietnam est un pays d'Asie.

Key takeaways

- There are 3 ways to ask about the weather in French (**Quel temps fait-il ? /Combien fait-il ?/ Quelle température fait-il ?**).
- There are 3 ways to talk about the weather in French (**Il y a / Il fait / Il + verbe**).
- Names of cities, towns or countries are either feminine or masculine, and their gender has to be learned by heart.
- Prepositions do not change in French, except for (**à, de**). These prepositions tend to contract with articles (***le, la, l', les***).
- Contracted articles with de/ **du, de la, de l', des.**
- Contracted articles with à / **au, à la, à l', aux.**
- Use the preposition **à** in front of cities, towns or villages. Use **au** in front of the masculine countries, **en** in front of the feminine countries and **aux** in front of the plural countries. Exceptions are masculine countries beginning with a vowel, which take ***en*** to mean "to" or "in" and ***d'*** to mean "from."
- If the city or the country is subject or direct object, there is no need for a preposition.

In the next chapter, you will be covering one of the most frequent mistakes French students make as beginners. You'll finally conquer the difference between the possessive pronouns and possessive adjectives.

Chapter 6: Shopping

« La vie ce n'est pas avoir et obtenir, mais être et devenir. »

- Mirna Loy

The desire for ownership is widespread, and unlike other creatures, people like to own. That's why possessive adjectives and pronouns are one of the most important aspects when learning French.

In this story, you'll meet Charlotte, a young girl who solves all her problems by shopping. You'll be exposed to many possessive words, from possessive adjectives to possessive pronouns. But, be aware that possessive adjectives and pronouns tend to cause confusion in French. By comparing possessive pronouns and possessive adjectives in one place, you will be able to see what the difference is. Skip to the grammar notes, if you become confused at any point.

La shopping thérapie

En cas de problème, certaines personnes consultent **un psychothérapeute**, mais d'autres préfèrent **un traitement** plus **coûteux:** le shopping. Beaucoup disent que c'est simplement **pour échapper aux problèmes,** mais Charlotte dit que c'est sa manière de **se détendre.** Comme beaucoup de filles de New York, Charlotte adore faire du shopping. Le problème est qu'elle fait tellement de shopping qu'elle finit **endettée**. Charlotte **rêve** de travailler pour le plus grand journal de mode, mais elle n'a pas le courage de le faire. A chaque fois qu'elle pense à **quitter** son travail et trouver un travail qu'elle aime, elle **ressent de la crainte**. Elle a peur de **quitter sa zone de confort**. Et pour **se sentir mieux**, elle fait du shopping. **En ligne, au centre commercial,** au supermarché, peu importe. Elle achète des **vêtements, dépense de l'argent**, endettée et oublie son rêve.

Un jour, Charlotte **s'est fait virer**. Tout d'abord elle a été **contente**, parce qu'elle **détestait** son travail. Elle a vu **un poste de travail** vacant à la Grande Maison Journaliste. Elle **a postulé** et été certaine de **réussir**.

Quand elle a rendez-vous avec un client important, Charlotte n'**hésite** pas à **s'habiller à la mode**. Elle se sent plus **à l'aise** avec **une tenue classique**. Pour aller à **l'entretien**, Charlotte porte toujours **un chemisier, une jupe** et une belle **écharpe rouge**. Sa mère pense qu'elle est très élégante avec son **bracelet en or** et ses **chaussures** noires.

Malgré toutes **les attentes,** après son premier entretien, sa candidature a été **rejetée**. Elle a **pleuré** pendant des jours, mais finalement a décidé d'arrêter de **se plaindre** et faire quelque chose. Elle a décidé de faire du shopping pour **renouveler sa garde-robe**. La sienne était un peu **démodée**, et peut-être que c'était la raison de **son échec**. Charlotte a pris son **porte-monnaie**, a appelé sa meilleure copine et a oublié ses dettes.

« Salut Marie. Je suis un peu **déprimée**. Tu veux **faire les magasins** aujourd'hui ?
– Certainement. J'ai besoin d'un nouveau **pull-over** et **de sandales**. On y va comment ?
– On va prendre ta voiture parce que la mienne est chez **le mécanicien**.
– Allons-y alors. Je **te récupère** dans une demi-heure.
– Parfait. **À tout à l'heure**. »
Charlotte cherche son **chapeau**, mais **au lieu de** trouver le sien, trouve le chapeau de son père, et le chapeau de sa mère dans **le placard**. Les leurs sont peut-être des années 80, mais les années 80 sont de nouveau à la mode, elle pense. Elle n'a pas le temps de chercher le sien, et finalement elle met le chapeau de son père. Puis, il faut trouver des chaussures, mais les siennes ne sont pas **confortables**. Elle se demande si sa mère a des **chaussures à talons hauts**. Et oui, elle a de la chance. Chapeau de son père, chaussures de

sa mère. Leur style est toujours **impeccable**, elle pense. Elle est maintenant prête à quitter la maison pour rencontrer sa meilleure copine.

« Salut Marie. Où est notre voiture ? Celle-ci, c'est la nôtre ?
– Non, c'est la même couleur, mais la nôtre est là-bas **au fond**.
– Ah, j'ai oublié que tu as changé de voiture. »

Les deux filles arrivent au centre commercial.
« Regarde ce pull-over vert dans **la vitrine** ! Il est très joli ! dit Marie.
– Tu veux dire que tu as **l'intention** de l'acheter ? Il est **affreux**! répond Charlotte.
– Tu as raison, et **de toute façon** le mien est plus beau.
– Le tien est de **haute qualité** et tu peux le porter pour **plusieurs occasions.**
– C'est vrai.
– J'aime bien tes sandales. Je trouve que les miennes ne sont pas aussi jolies. dit Marie.
– Qu'est-ce que tu racontes ? J'adore les tiennes. Elles me semblent très confortables.
– Oui, elles sont confortables. Charlotte regarde cette **robe**. Qu'est-ce que tu en penses ? Elle est belle, n'est pas ?
– Est-ce que tu penses qu'elle est plus belle que la mienne ?
– La tienne ? Tu as une dizaine de robes. Tu penses à laquelle ?
– Je pense à ma robe courte, élégante. Tu te rappelles, ma robe noire ? Je l'ai portée pour ton anniversaire, il y a un mois . La mienne est plutôt pour le soir peut-être.
– Ah, oui, je me rappelle. Oui, c'est vrai. La tienne est plus élégante, mais celle-ci est plutôt pour un entretien ?
– Tu as raison. Je vais l'**essayer**.
– Vas-y. Je t'attends ici et peut-être que je vais trouver quelques idées sur internet.
– Charlotte, regarde ce que j'ai trouvé sur internet. **La tenue** de Cate Blanchett. Cette robe n'est pas haute couture. La sienne c'est vraiment **prêt-à-porter**, en plus c'est une combinaison idéale pour un entretien. Regarde ses chaussures noires. Je pense que j'ai les mêmes comme les siennes.
– C'est une combinaison classique. Précisément, **le pantalon, le blouson, un manteau** et des chaussures. Peut-être que c'est une bonne idée pour un rendez-vous professionnel.

– Tu pourrais aller chercher **une vendeuse** pour t'aider à trouver le pantalon ?

– Oui. Bonne idée. »

Les copines entrent dans un magasin.

« Bonjour madame, puis-je vous conseiller ? dit la vendeuse.

– Oui, je cherche un pantalon classique pour un entretien.

– Suivez-moi, nos modèles se trouvent par ici.

– Celui-ci est très joli, l'avez-vous en blanc ?

– Oui, vous pouvez l'essayer dans **une cabine** au fond du magasin.

– Il me va très bien, c'est décidé, je l'achète.

– Quarante euros s'il vous plaît madame.

– Je n'ai pas de **monnaie**, acceptez-vous **les cartes bancaires** ?

– Oui, et je vous donne **un bon de réduction** à valoir sur notre nouvelle collection.

– Merci, je **reviendrai** vous voir à l'automne prochain.

– Excusez-moi madame, mais votre carte est **rejetée**.

– Impossible. **Réessayez,** s'il vous plaît.

– Non, ça ne marche pas.

– Désolée, je vais devoir **rendre** le pantalon. »

Charlotte se rend à la banque pour vérifier **le solde de son compte** et voit qu'elle a beaucoup de dettes. Sa carte est **bloquée**. Elle ne peut plus rien acheter. Son amie lui dit :

« Faire des courses, c'est une thérapie coûteuse. Je pense que tu as besoin d'aide.

– Je pense aussi. »

Résumé de l'histoire

Charlotte adore faire du shopping et c'est sa manière de se détendre. Quand elle se sent déprimée, elle appelle sa meilleure copine Marie et va faire du shopping. Elle a un travail qu'elle déteste et elle rêve de travailler comme journaliste de mode. Mais elle ressent de la crainte chaque fois qu'elle pense à quitter son travail. Un jour, Charlotte est renvoyée et maintenant libre de trouver le travail de ses rêves. Mais, est-ce qu'elle va réussir à surpasser sa peur.

Synopsis of the story

Charlotte loves shopping and it's her way to relax. When she feels down, she calls her best friend Marie and goes shopping. She has a job she hates and dreams of working as a fashion journalist. But every time she thinks about quitting her job, she feels fear. Charlotte gets fired one day and is now free to find the job of her dreams. But, will she be able to overcome her fear?

Vocabulary and Expressions

un psychothérapeute - a psychotherapist
un traitement - a treatment
coûteux / coûteuse - expensive
échapper aux problèmes - to escape problems
se détendre - to relax
faire du shopping - to go shopping
être endetté - to be indebted
rêver - to dream
quitter - to leave
ressentir - to feel, to experience
une crainte - a fear
une zone de confort - a comfort zone
se sentir mieux - to feel better
en ligne - online
un centre commercial - a shopping mall
un vêtement - a clothe
dépenser de l'argent - to spend money
se faire virer - to get fired
Content / contente - satisfied, content
détester - to hate
un poste de travail - a job position
postuler pour un emploi - to apply for a job
réussir - to succeed
hésiter - to hesitate

s'habiller à la mode - to dress fashionably
se sentir / être à l'aise - to feel comfortable
une tenue classique - a classic outfit
un entretien - an interview
un chemisier - a blouse
une jupe - a skirt
une écharpe - a scarf
un bracelet en or - a gold bracelet
des chaussures - shoes
une attente - an expectation
rejeter - to reject
pleurer - to cry
se plaindre - to complain
renouveler - to renew, to replace
une garde-robe - a wardrobe
démodé - old fashioned
un échec - a failure
un porte-monnaie - a wallet
déprimer - to depress
faire les magasins - to shop
un pull-over - a jumper, pull-over
des sandales - sandals
un mécanicien - a mechanic
récupérer quelqu'un - to pick up someone
à **tout à l'heure** - see you soon
un chapeau - a hat
a**u lieu de** - instead of
un placard - a locker, placard
des chaussures à talons hauts - high heeled shoes
impeccable - flawless
a**u fond** - at button, in the end
une vitrine - a showcase, shop window
une intention - an intention
affreux / affreuse - awful
de tout façon - anyway
haute qualité - high quality
pour **plusieurs occasions** - on several occasions

une robe - a dress
essayer - to try
une tenue - an outfit
prêt-à-porter - ready to wear
précisément - exactly
rendre - to return
un pantalon - pants
un blouson - a jacket
un manteau - a coat
une vendeuse - a saleswoman
une cabine - a fitting room
une carte bancaire - a bank card
un bon de réduction - a discount coupon
revenir - to come back
réessayer - to try again
un solde du compte - an account balance
bloquer - to block

Comprehension Questions

Sélectionnez une seule réponse pour chaque question.
1. Pourquoi Charlotte a pris le chapeau de son père ?
   A. Elle n'a pas réussi à trouver le sien.
   B. Elle adore porter des vêtements masculins.
   C. Elle préfère la mode des années 80.
   D. Son père a un style impeccable.
2. Pourquoi Charlotte ressent-elle de la crainte ?
   A. Elle est endettée.
   B. Elle a dépensé beaucoup d'argent.
   C. Elle a peur de réaliser son rêve.
   D. Elle a peur de quitter sa zone de confort
3. Pourquoi Charlotte toujours « fini endettée » ?
   A. Elle emprunte de l'argent à ses parents.
   B. Elle donne de l'argent à une association caritative.
   C. Elle a un petit salaire.

D. Elle fait beaucoup de shopping.
4. Que porte Charlotte pour son interview ?
    A. Elle porte un chemisier, une jupe et une belle écharpe rouge.
    B. Elle porte un pantalon, une écharpe et un blouson.
    C. Elle porte une robe et des chaussures à talons hauts.
5. À qui appartiennent les sandales confortables ?
    A. Charlotte.
    B. Son amie.
    C. Sa mère.
    D. Son père.

Grammar notes

3 ways to express possession

There are 3 ways to express possession in French:

- **être à + noun** (or accentuated pronoun) or **appartenir à + noun** (or accentuated pronoun).

*Ce livre est **à moi** ! - That book is mine!*

*Cette maison appartient **à toi** ! - This house is yours!*

- **Possessive adjectives**

*J'ai perdu **mes** clés. - I have lost my keys.*

*Prends **tes** valises. - Take your suitcases.*

- **Possessive pronouns**

Possessive pronouns are used to replace the noun and the possessive adjective at the same time. You'll learn more about them in the next grammar note.

*J'aime bien notre voiture, mais j'envie **la leur** ! - I like our car, but, I am jealous of theirs!*

Possessive pronouns

Many French students have wondered the same question. What exactly is a possessive pronoun in French? Is it like the word *"mon"* in *"mon chat"*, or like *"mien"* in *"C'est le mien"*. Most of the learners feel confused at first. In fact, "*mon*" is a possessive adjective, while "*mien*" is a possessive pronoun.

Possessive pronouns replace the noun and the word (usually adjective) that indicates belonging. Instead of repeating "*my dog*" all day long, occasionally we can replace it with "mine" instead. "Mine" incorporates both words, the possessive adjective and the noun (mon + chien).

C'est mon chien. C'est le mien.
C'est ma chatte. C'est la mienne.

French possessive pronouns are equivalent to English pronouns (mine, ours, yours, his, hers, its, and theirs). However, the agreement issue is what makes a significant difference between French and English. French possessive pronouns need to match the noun in number and gender, as well as to have the appropriate definite article in front.

Personal pronouns	English possessive pronouns	The possessed object is masculine, singular	The possessed object is feminine, singular	The possessed object is masculine, plural	The possessed object is feminine, plural
Je	Mine	Le mien	La mienne	Les miens	Les miennes
Tu	Yours	Le tien	La tienne	Les tiens	Les tiennes
Il/Elle	His/her/its	Le sien	La sienne	Les siens	Les siennes
Nous	Ours	Le nôtre	La nôtre	Les nôtres	Les nôtres
Vous	Yours	Le vôtre	La vôtre	Les vôtres	Les vôtres
Ils/Elles	Theirs	Le leur	La leur	Les leurs	Les leurs

Another difference that puzzles most French beginners, is that French possessive pronouns don't care about the gender of the *owner*. They agree with what they describe, not with the person who owns that thing. It can take up time to comprehend since English possessive pronouns take the gender of the owner into consideration.

For example, "*le sien*" refers to *his* or *hers*, but is only used to replace masculine singular nouns. "*La sienne*" will be used to replace feminine singular nouns. "*Les siens*" replace masculine, plural nouns and "*les siennes*" feminine plural nouns. In English, whether the noun is singular or plural the form remains the same.

Let's see some examples.

The object possessed is masculine, singular (le vélo). You see from the examples that whether the owner is masculine or feminine, it doesn't have an impact on the possessive pronoun form.

> *C'est le vélo de Marie ? – 'Oui, c'est le sien.' 'Is that Marie's bike?' – 'Yes, it's hers.'*

> *C'est le vélo de Lucas ? – 'Oui, c'est le sien.' 'Is that Lucas's bike?' – 'Yes, it's his.'*

The form changes, only if the possessed object is feminine, or plural.

> *C'est la maison d'Isabelle ? - Oui, c'est la sienne. Is that Isabelle's house? - Yes, it's hers.*

> *C'est la maison de Lucas ? - Oui, c'est la sienne. Is that Lucas's bike? - Yes, it's his.*

Possessive Adjectives vs Possessive Pronouns

In the previous chapter, you had the chance to learn about possessive adjectives. Now you are all set to compare them with possessive pronouns. So, what's the difference?

Possessive adjectives

- describes the noun.
- stands in front of the noun.

Possessive pronouns

- replaces the noun.
- stands alone.

A possessive pronoun actually gathers the meanings of both words, *a noun + adjective*, and replaces both of them.

For each possessive adjective there's an equivalent possessive pronoun. We can say that the possessive adjective *"ma"* corresponds to the possessive pronoun *"la mienne"*.

- Ma - possessive adjective (fem., singular) - la mienne - possessive pronoun (fem., singular) - mine.
- Mon - possessive adjective (masc., singular) - le mien - possessive pronoun (masc. singular).
- Ta - possessive adjective (masc. singular) - la tienne - possessive pronoun (masc., singular) - yours.
- ton possessive adjective (masc. singular) - le tien - possessive pronoun (masc., singular) - yours.

C'est ma valise. C'est la mienne. - That's my suitcase. It's mine.

C'est ton chien. C'est le tien. - That's your dog. It's yours.

Key takeaways

- **There are 3 ways to express possession in French: être à + noun** (or accentuated pronoun) or appartenir à + noun (or accentuated pronoun), **possessive adjectives** and **possessive pronouns**.
- Possessive pronouns replace the noun and the adjective that indicate belonging.
- The difference between the possessive adjective and pronoun is that adjectives describe the noun and stand in front of the noun, while pronouns replace the noun and stand alone.
- French possessive pronouns need to match the noun in number and gender, as well as to have the appropriate definite article in front.
- **La mienne, le mien, les miennes, les miens** correspond to the English possessive pronoun "mine".
- **La tienne, le tien, les tiennes, les tiens** correspond to English possessive pronoun "yours".
- **La sienne, le sien, les siennes, les siens** correspond to English possessive pronoun "his/her/its".
- **La nôtre, le nôtre, les nôtres** correspond to English possessive pronoun "ours".
- **La vôtre, le vôtre, les vôtres** correspond to English possessive pronoun "yours".
- **La leur, le leur, les leurs** correspond to English possessive pronoun "theirs".

Bravo! You are progressing quickly. So far, you covered the main grammar points in French. In the next chapter, you'll learn how to tell stories from what happened on the subway to your own life story.

Chapter 7: Telling someone about a dream

« Rien n'est plus vivant qu'un souvenir. »

- Federico Garcia Lorka

All fairytales begin the same way, but each of them finishes differently. Okay, this didn't turn out to be like Tolstoy's most famous sentence *"All happy families are alike, but every unhappy family is unhappy in its way"*. Essentially, we were trying to point out that all French stories begin the same way with *"Il était une fois"*, but each of them hopefully finishes differently. At least the good ones.

Telling stories is a social skill. From what happened at work, to a little episode from the subway or last night's dream. Telling a story is an everyday daunting task. People like good storytellers, so pay attention to this chapter.

If you want to be a good storyteller in French, you need to master past tenses and relative pronouns. Past tenses - because all stories happen in the past, and relative pronouns - because they help you connect ideas.

In French, telling a story requires two past tenses, *Passé Composé and Imperfect*. In the following chapter, you'll learn the imperfect, which is used to describe repeated actions, states or serves to describe a background process. If you are new to imperfect, skip to the grammar notes part before you read the story.

Un étranger dans le rêve

Il était une fois une jeune femme. Elle habitait dans un pays très loin de sa famille. Chaque nuit elle **rêvait** d'un étranger qui l'**amenait** dans son **enfance**. Il venait **habillé** en blanc, et **d'une voix douce** lui demandait de le suivre. Elle avait une confiance énorme. Ils **marchaient** dans le ciel, comme si c'était **une rue piétonne**, pour **traverser** les années de **souvenir.** L'étranger lui montrait **le village** où elle a **grandi**, la maison où elle a fait ses **premiers pas**, la première **plage** où elle a appris à nager. La première fois, elle regardait et ne **reconnaissait** rien. L'étranger lui demanda **doucement** : « Qu'est-ce que tu vois ? »

Tout à coup, elle **s'est rappelée**. C'était le village où elle passait ses **vacances d'été.**

« Je veux y aller, la femme a crié.

– Tout est possible. Nous sommes **près de** ta maison, répond l'étranger. Est-ce que tu **reconnais** ta maison ?

– Pas encore. Je cherche une maison dont la porte est rouge, répond la femme.

– Je vois les maisons dont les portes sont bleues, mais aucune à la porte rouge.Tu te souviens d'autre chose?

– La maison que mes grands-parents ont achetée est **énorme**. Et aussi, elle se trouve **à côté d'**une grande **forêt**.

– Il y a plusieurs maisons à côté de la forêt. C'est laquelle ?

– Voilà, je la vois. C'est celle-là. Allons-y. »

Toute ma famille était dans **le jardin**. Moi aussi, j'étais là. Justement, j'étais petite.

« Qui est cette femme-là ? me demande l'étranger.

– C'est ma mère. La femme qui aime raconter des histoires. »

L'étranger voit trois hommes dans le jardin. Il me demande « Lequel et ton père ? »

– C'est l'homme qui **joue de la guitare**. Mon père **adorait** jouer de la musique et chanter. Ensemble, mes parents avaient le pouvoir de **donner vie à** chaque **conte de fées**.

– Et la petite fille qui danse ? »

La femme rigole.

« C'est moi la petite fille qui danse. J'avais 4 ans là. Ici, j'ai mangé tous les gâteaux que maman a faits. Il n'y avait plus rien pour mon frère.

– Tu as un frère ?

– Le garçon qui est entré, c'est mon frère. Ici, il a vu **une araignée** dont il a eu peur. Il va commencer à crier dans quelques minutes. Il n'a jamais **cessé** d'avoir peur.

– Et qui sont les gens **âgés** ?

– Ce sont mes grands-parents. Ici, mon grand-père a mangé **les poires** que ma grand-mère avait achetées **au marché**. Elle est **fâchée**, parce que maintenant elle ne peut pas faire la tarte aux poires. Ils **se disputaient** souvent, mais toujours avec amour.

– **C'est l'heure de** partir. »

Elle était triste de quitter sa famille. Puisqu'elle savait que c'était la dernière fois qu'elle voyait cette période de son enfance. Ils marchaient de nouveau dans le ciel. Cette fois, elle a finalement vu **la mer, les vagues, la plage**. Sur la plage, deux personnes, elle et son père. C'était le jour où la jeune femme a appris à **nager**. « On y va. » dit son père.

Mais, elle reste sur la plage et hésite à entrer dans l'eau. Le problème c'est que la semaine précédente, elle a **failli se noyer**. C'est la raison pour laquelle son père était déterminé à lui **apprendre** à nager. Son père savait très bien que c'est important de **se confronter à ses peurs.** Maintenant elle le sait. Mais ce jour-là, elle **détestait** son père. Deux heures après, elle nageait. Il fallait que son père la sorte de force. C'était le jour où la jeune fille a surpassé **ses peurs**. Depuis ce jour, elle adorait nager. À tel point qu'elle est devenue **championne nationale de natation.**

Le matin elle **avait l'impression** d'être un enfant de 5 ans qui était encore avec sa famille. C'étaient des jours **sans souci.**

Résumé de l'histoire

La famille d'une jeune femme lui manquait parce qu'elle habitait très loin. Chaque nuit, elle rêvait d'un étranger qui l'amenait à son enfance. L'étranger lui a montré le village où elle a grandi, la maison où elle a fait ses premiers pas, la première plage où elle a appris à nager.

Dans le rêve, elle se rend dans son ancienne maison où elle voit sa famille, ses parents, son frère et ses grands-parents. Dans son rêve, elle visite le jour où elle a appris à nager avec son père. Elle avait très peur d'aller dans l'eau, parce qu'elle pouvait se noyer. Son père l'a aidée à surmonter sa peur. Ce jour, elle a appris à nager et puis elle est devenue championne nationale de natation.

Synopsis of the story

A young woman missed her family because she lived so far away. Every night she dreamed of a stranger who took her back to her childhood. The stranger showed her the village where she grew up, the house where she took her first steps, the first beach where she learned to swim.

In the dream, she goes to her old house where she sees her family, her parents, her brother and her grandparents. In her dream, she visits the day she learned to swim with her father. She was very afraid to go into the water, because she could drown. His father helped her overcome her fear. That day, she learned to swim and then she became a national swimming champion.

Vocabulary and Expressions

rêver - to dream
amener - to bring
une enfance - childhood
habillé - dressed
une voix - a voice
doux / douce - sweet, soft
marcher - to walk
une rue piétonne - a pedestrian street
traverser - to go through
un souvenir - a memory
un village - a village
grandir - to grow up
un pas - a step
une plage - a beach
reconnaître - to recognize
tout à coup - all of a sudden
se rappeler - to remember

les vacances d'été - summer vacation

être près de - to be near

enorme - enormous

un foret - a forest

un jardin - a garden

jouer de la guitare - to play the guitar

adorer - to adore

donner vie à - to give life to

une conte de fées - a fairytale

rigoler - to laugh

une araignée - a spider

cesser - to stop

âgé / âgée - old

une poire - a pear

au marché - at the market

fâché / fâchée - angry

se disputer - to argue

C'est l'heure de - It's time

la mer - the sea

une vague - a wave

faillir se noyer - almost drown

confronter ses peurs - to confront one's fears

détester - to hate

surmonter ses peurs - to overcome one's fears

championne nationale de natation - national swimming champion

avoir l'impression de - to have the impression of

sans souci - carefree

Comprehension Questions

Sélectionnez une seule réponse pour chaque question.

1) Où le personnage principal a-t-il voyagé dans le rêve ?

    A. À la plage, au village, à la maison de son enfance.

    B. À la maison de son enfance, à la plage.

    C. À la maison de ses grands-parents, au village, à la plage.

2) Qui a mangé toutes les poires ?
    A. Son frère.
    B. Grande-mère.
    C. Grand-père.
    D. Personne.
3) Pourquoi son père est-il déterminé à lui apprendre à nager ?
    A. Elle avait peur d'entrer dans l'eau.
    B. Il voulait qu'elle devienne une championne de natation.
    C. Parce qu'elle a failli se noyer la semaine précédente.
    D. Parce qu'il voulait qu'elle surmonte ses peurs.
4) Qui était dans le jardin de son ancienne maison ?
    A. Ses grands-parents, sa mère, son père et son frère.
    B. Ses parents et ses grands-parents.
    C. Ses parents, ses grands-parents, son frère et elle à l'âge de cinq ans.
    D. Son grand-père, son frère et ses parents.
5) Que signifie « revivre un conte de fées » ?
    A. Vivre comme dans un conte de fées.
    B. Raconter une histoire de façon vivante.
    C. Lire souvent des histoires.
    D. Écrire une histoire.

Grammar notes

L'imparfait

The French imperfect (*l'imparfait*) is a descriptive past tense that describes ongoing actions or repeated states. Just think about how all stories start in French (*Il était une fois*). You'll notice that they all use the imperfect. It's because all stories are filled with descriptions of past states or some repeated situations.

The imperfect corresponds to more English structures such as "used to" and "would", the past progressive, and past simple occasionally.

    Je marchais dans la rue. - I was walking down the street.

We use French imperfect to:

- **to express habits, repeated actions or states.**
  Tous les jours, elle lisait un livre. - Every day, she was reading a book.
- **to describe (time, weather, age, feelings).**
  Il faisait beau pendant mes vacances. - The weather was nice during my holiday.
  Quand il avait 5 ans, il n'arrêtait pas de parler. - When he was 5, he couldn't stop talking.
- **to emphasize the duration.**
  J'espérais le voir avant son départ. - I was hoping to see him before he leaves.
- **to describe a background process,** with the *passé composé.*
  J'étais à la plage quand l'avion est passé. - I was at the beach when the airplane passed by.

How to conjugate the imperfect tense in French

French Imperfect tense is quite easily formed, as both regular and irregular verbs are formed the same way.

To form the imperfect tense, take the 1st person plural form in the present tense, drop the -ons, and add the following endings. The only irregular verb in imperfect is *"être"* ("to be") as in the present tense *"nous sommes"* there's no *-ons* to drop.

In the table below, you'll see imperfect endings, imperfect conjugation of the verb "dormir" and the irregular verb "être".

Pronouns	Imperfect Endings	Dormir	Irregular verb être
Je	- ais	- dormais	- <u>étais</u>
Tu	- ais	- dormais	- <u>étais</u>
Il/Elle	- ait	- dormait	- <u>était</u>
Nous	- ions	- dormions	- <u>étions</u>
Vous	- iez	- dormiez	- <u>étiez</u>
Ils/Elles	- aient	- dormaient	- <u>étaient</u>

Relative Pronouns

If you want to join two sentences in French, you are in desperate need of relative pronouns.

A French relative pronoun can be translated into who, what, that, which, whose, where, and when. But, while in English relative pronouns are optional, in French they are obligatory.

J'ai acheté un appartement. Cet appartement a deux pièces. - I bought an apartment. This apartment has two rooms.

When you join the sentences, the second sentence's subject can be replaced with a relative pronoun:

> *J'ai acheté un appartement qui a deux pièces. - I bought an apartment which has two rooms.*

French relative pronouns are **qui, que, où, dont.** We'll examine them separately.

Qui

"*Qui*" is both:
- a relative pronoun.
- a question word (who).

When used as a relative pronoun, it can mean *who* or *what*. The most important thing to remember about "*qui*", is that it replaces a subject in a sentence.

C'est une fille. Cette fille danse très bien. - It's a girl. That girl dances very well.

Here we have two independent clauses listed. The word that repeats in both sentences is "*fille*". If we want to avoid repeating the word "*fille*", we can use the relative pronoun "**qui**" and get a complex sentence like this.

C'est une fille qui danse très bien. - It's a girl who dances very well.

Let's see more examples.

C'est Marie qui a fait ça.- It's Marie who did it.

La chanteuse qui chante très bien en chinois, c'est Isabelle. - The singer who sings very well in Chinese is Isabelle.

Que

"*Que*" is used when the noun replaced is a direct object, whether it's a person or thing.

> *C'est le cahier. J'ai acheté le cahier hier.*

In the above example we have two sentences. The repeated word is "*cahier*", so if we want to avoid repeating that word, we can make one sentence out of those two, by using the direct object "*que*".

> *C'est le cahier que j'ai acheté hier. - It's the notebook I bought yesterday.*

"*Que*" contracts to "**qu'** " before a vowel sound.

> *J'ai vu la maison qu'il va acheter.*

*Note that "**qui**" does not contract before a vowel sound, unlike que.

Où

The relative pronoun "*où*" indicates a place and is translated as "where". It can also indicate a place in time.

Où - where

La fromagerie où j'ai acheté le brie est à la campagne. - The cheese shop where I bought the brie is in the countryside.

Où - when

Il pleuvait le jour où elles sont arrivées. -It was raining the day they arrived.

Dont

French students find "*dont*" to be the most challenging relative pronoun in French. "Dont" is used to replace people or objects coming after the preposition "*de*".

Here is an example of a person preceded by "*de*":
Tu vois cet homme ? - Do you see that man?
*Je t'ai parlé **de** cet homme. - I spoke to you about that man.*
*C'est l'homme **dont** je t'ai parlé. - That's the man I talked to you about.*
J'ai besoin d'une fourchette. - I need a fork.
La fourchette est sur la table. - The fork is on the table.
La fourchette dont j'ai besoin est sur la table. - The fork that I need is on the table.

Understanding the rules for using "*dont*" is not as difficult as knowing which verbs and expressions are followed by "*de*".

Interrogatives (Lequel, Laquelle, Lesquels, Lesquelles)

Lequel, means "which one" and can be:
- an interrogative pronoun.
- A relative pronoun.

As an interrogative pronoun, it is equivalent to the interrogative adjective "*quel*". Just like possessive pronouns replace both the noun and the adjective, "*lequel*" replaces replaces
quel + noun.

The same way as "*quel*", "*lequel*" has four different forms depending on the gender and number of the noun it replaces.

Singular, masculine	Singular, feminine	Plural, masculine	Plural, feminine
lequel	laquelle	lesquels	lesquelles

Take a look at these examples to see how "*lequel*" replaces "*quel* + noun".

> *Quel crayon veux-tu ? Lequel veux-tu ?* > Which crayon do you want? Which one do you want?
> *Je veux la banane là-bas. Laquelle ?* > I want the banana over there. Which one?

As a relative pronoun, "lequel" substitutes an inanimate object of a preposition. When the preposition is applied to a person, use "qui".

Take a look at the following examples.

> Le cahier dans lequel j'ai écrit... > The book in which I wrote...
> La ville à laquelle je rêve... > The town about which I'm dreaming...

Key takeaways

- The French imperfect (*l'imparfait*) is a descriptive past tense that describes ongoing actions or repeated states. It's often used to represent the background process in contrast to another action in Past Tense.

- The imperfect corresponds to English structures such as "used to" and "would", and the past progressive.

- To form the imperfect tense, take the 1st person plural form in the present tense, drop the -**ons**, and add the following endings **(ais, ais, ait, ions, iez, aient)**. The only irregular verb in imperfect is "être" (**étais, étais, était, étions, étiez, étaient**).

- Use relative pronouns (**qui, que, dont, où**) to join two sentences in French.

- "*Qui*" is both a relative pronoun and a question word (who). When used as a relative pronoun, it can mean "who" or "what". The most important thing to remember about "qui" is that it replaces a subject in a sentence. "Qui" never contracts in front of the vowel sound.

- "*Que*" is used when the noun replaced is a direct object, whether it's a person or a thing. "Que" contracts to "qu' " before a vowel sound.

- "Que" is a direct object (person or thing), while "qui" is a subject (person or thing).

- The relative pronoun "**où**" indicates places or places in time. It can be translated as "where" or "when".

- "*Dont*" is used to replace people or objects coming after the preposition "de".

- "*Lequel*", "*laquelle*", "*lesquels*", "*lesquelles*" all mean "which one" and can be used as interrogative pronouns or relative pronouns.

In the following chapter, you will learn a wide range of vocabulary related to your profession, education, and career.

Chapter 8: Finding a job

« Faire ce que tu aimes, c'est la liberté. Aimer ce que tu fais, c'est le bonheur.
»

- Raphaëlle Giordano

Ever since we were children, everyone has been asking us the same question *"What do you want to be when you grow up?"* We pretended to be artists, doctors, and cashiers to find a profession that suited us. Just think how much time and energy we spend on searching for a job, discussing our education or our profession. That's why this topic made its place in our book.

The following story introduces words that describe the whole area of job search. Once again, you'll open up more possibilities for conversations in French and you'll also learn how to use indirect object pronouns.

Un travail de rêve

Luca est un jeune homme qui a changé trois fois d'**emploi** en un an. Il était **bénévole**, il a travaillé comme **gestionnaire**, comme **enseignant de langues étrangères**, et finalement il a **quitté son emploi** et est devenu **chômeur**. Luca est **diplômé** de la faculté de **gestion**. Immédiatement après ses études, il a commencé à chercher un emploi. Il n'a pas pu en trouver un facilement. Il avait un **CV**, une **lettre de recommandation** et a **postulé** pour une **dizaine** d'emplois. Cependant, il était un étudiant **diplômé** sans expérience et personne ne voulait **l'embaucher.** Puis, Luca **s'est inscrit à pôle emploi**. C'est l'endroit où on va pour chercher un emploi en France. Là, il l'a trouvé. Il a travaillé pour une entreprise qui vend des **matelas** pendant 6 mois. Il les vendait chaque jour. En tant que **bénévole,** il voulait beaucoup apprendre.

Son stage professionnel s'est terminé après 6 mois. Maintenant Luca **avait l'espoir de** pouvoir trouver un emploi **convenable**. Il cherchait mais il n'y avait pas beaucoup d'emplois **sur le marché du travail**. **Au fil du temps**, il a trouvé. Il a trouvé le poste de gestionnaire des ventes dans une entreprise qui **exporte** du fromage. Il n'aimait pas trop cet emploi.

Son parcours professionnel l'a aidé à avoir un entretien. Après avoir envoyé son CV et sa lettre de motivation, deux semaines **se sont écoulées.** Luca a commencé à **s'inquiéter.** Cependant, ce jour-là, il était invité à un entretien, et on lui a posé de nombreuses questions. Luca a répondu à toutes les questions **avec confiance.** Ils lui ont **offert** deux options, **un travail à temps plein ou à mi-temps**.

Il avait son **bureau** où il travaillait avec **les clients**. Et en plus, il avait pour **tâche** de **superviser la production**. Il a **reçu un salaire moyen**. Son chef lui avait **promis une promotion**. Il **bénéficiait** d'un mois **de congés payés** et **d'une allocation sociale.** Au début, Luca avait beaucoup d'enthousiasme et faisait souvent **des heures supplémentaires** pour terminer le travail. Cependant, après 5 mois, Luca n'a pas reçu la promotion promise. Il était déjà **épuisé** et a décidé de prendre deux semaines de **repos**. Il est **allé voir** son chef, mais le chef a refusé.

Découragé, Luca a continué à travailler, **venait toujours à l'heure** mais ne faisait plus **d'heures supplémentaires**. Son patron l'a **remarqué**. Un jour, il lui a dit qu'il **avait l'impression** que Luca travaillait moins **dur**. Luca **croyait** à nouveau **obtenir** une promotion. Alors il a continué à travailler de plus longues heures chaque jour. Mais, le mois suivant, il n'a pas reçu son salaire. L'entreprise était temporairement **en difficulté financière** et aucun des **travailleurs** n'a reçu son salaire. Luca était complètement **déçu**. Le lendemain, il a **démissionné**.

Puis il a trouvé **un travail en ligne** pour enseigner le français. Il pouvait **travailler à domicile**, il avait **des horaires de travail flexibles**. Le salaire était bas, mais il voulait essayer. Cependant, Luca n'aimait pas être enseignant. Il se rappelait de son enfance, où il rêvait d'être **pompier, opticien, avocat** ou **boulanger**. Cependant, il aimait le plus devenir boulanger. Quand il avait du temps, il **confectionnait** diverses **pâtisseries** et **gâteaux**. Sa famille les adorait. Les jours passaient et Luca rêvait de faire des pâtisseries. Il rentrait à la maison motivé pour essayer une nouvelle recette. Tous les soirs, il faisait de **la pâte**.

Son meilleur ami lui a **conseillé** d'ouvrir une boulangerie. Luca était **sceptique**. Il n'avait pas d'argent pour l'ouvrir. Avoir une boulangerie **coûte cher**. Son ami était **persévérant**. Il a trouvé **une fondation** qui aide **les entreprises en démarrage.** Chaque année, elle **accordait** de l'argent à des jeunes **entrepreneurs** pour créer une entreprise. Luca était maintenant convaincu.

Il a **rempli les formulaires**, les a **envoyés** et a attendu. Il était **impatient**. Un jour, il a reçu **un e-mail de confirmation**. Son idée a été **sélectionnée**. Il a reçu un financement de l'État pour ouvrir une petite boulangerie à Paris. Il l'a ouvert et a ressenti une vraie joie pour la première fois. Enfin, il a le travail qu'il aime.

Résumé de l'histoire

Luca est un jeune homme qui a fini son université et a commencé à chercher un emploi. Tout d'abord, il était stagiaire dans une entreprise qui vend des matelas. Son second emploi était dans une entreprise qui exporte du fromage. Quand son entreprise finit endettée, il démissionne. À la fin, il travaillait comme enseignant de langues. Il commence à se souvenir de son enfance et des métiers qu'il aimait. Il se rend compte qu'il voulait devenir boulanger. Cependant, avoir une boulangerie est cher. Son ami l'a aidé à trouver un moyen d'ouvrir sa boulangerie sans investir son propre argent.

Synopsis of the story

Luca is a young man who just finished university and started looking for a job. First, he was an intern in a company that sells mattresses. His second job was in a company that exports cheese. He quit his job when the company went into debt and was unable to pay salaries. After that, he became a language teacher. He begins to reminisce about his childhood and the jobs he loved. He realizes that he wanted to become a baker. However, owning a bakery is expensive. With the help of a friend, he finds a way to open his bakery without investing his own money.

Vocabulary and Expressions

un emploi - a job
un / une bénévole - a volunteer
un gestionnaire - a manager
professeur de langues étrangères - professor of foreign languages
quitter son travail - to quit a job
chômeur - unemployed person
diplômé de - graduated from
une lettre de recommandation - a recommendation letter
postuler pour un emploi - to apply for a job
embaucher - to hire
pôle emploi - job center
s'inscrire - to register
un matelas - a mattress
un stage professionnel - a professional internship
avoir l'espoir de - to have hope
convenable - suitable
sur le marché du travail - on the job market
au fil du temps - over time
exporter - to export
un parcours professionnel - a career path
s'écouler - to run out

s'inquiéter - to worry
avec confiance - with confidence
offrir - to offer
un travail à temps plein - a full-time job
un travail à mi-temps - a part-time job
un bureau - an office
un client / une cliente - a client
une tâche - a task
superviser la production - to monitor the production
reçevoir - to receive
un salaire moyen - an average salary
promettre une promotion - to promise a promotion
bénéficier - to benefit
des congés payés - paid vacation
une allocation sociale - a social allowance
repos - rest
aller voir - to go and see, to visit
venir à l'heure - to come on time
des heures supplémentaires - overtime
remarquer - to notice
avoir l'impression - to have the impression that
dur - difficult
croire - to believe
obtenir - to obtain
en difficulté financière - in financial difficulty
un travailleur / une travailleuse - a worker, en employee
déçu / déçue - disappointed
demissionner - to resign, to quit
un travail en ligne - an online job
travailler à domicile - to work from home
des horaires flexibles - flexible hours
un pompier - a firefighter
un opticien - an optician
un avocat - a lawyer
un boulanger - a baker
confectionner - to make
une pâtisserie - a pastry

un gâteau - a cake

une pâte - a dough

conseiller - to advise

sceptique - sceptical

coûter cher - to be costly

persévérant - persevering

une fondation - a foundation

une entreprise en démarrage - start-up business

accorder - to grant

un entrepreneur / une entrepreneure - an entrepreneur

remplir les formulaires - to fill the forms

envoyer - to send

impatient - impatient, anxious, hasty

un email de confirmation - a confirmation email

sélectionner - to select

Comprehension Questions

Sélectionnez une seule réponse pour chaque question.
1. Quels emplois Luca a-t-il exercés ?
    A. Bénévole, gestionnaire et boulanger.
    B. Gestionnaire, enseignant de français et chômeur.
    C. Bénévole, gestionnaire, enseignant de langues étrangères et chômeur.
    D. Gestionnaire, gestionnaire des ventes et enseignant de langues étrangères.
2. Pourquoi personne ne voulait embaucher Luca au début ?
    A. Luca n'avait pas de diplôme.
    B. Luca n'avait pas d'expérience.
    C. Luca était chômeur.
    D. Luca n'avait pas de bonnes notes à l'université.
3. Pourquoi Luca a-t-il fait des heures supplémentaires à la fromagerie ?
    A. Parce qu'il aimait manger du fromage.
    B. Pour recevoir une promotion.

C. Parce qu'il n'avait rien d'autre à faire.

D. Pour prendre des vacances de deux semaines.

4. Y avait-il beaucoup d'opportunités sur le marché du travail ?

A. Oui.

B. Non.

5. Luca a des horaires de travail flexibles pour quel travail ?

A. Gestionnaire à l'entreprise des fromages.

B. Bénévole à l'entreprise qui produit des matelas.

C. Enseignant de langues étrangères.

D. Boulanger.

6. Pourquoi Luca était-il sceptique lorsque son ami lui a proposé d'ouvrir une boulangerie ?

A. Il n'avait pas d'argent.

B. Il ne voulait pas trouver un nouvel emploi.

C. Il ne voulait pas être boulanger.

D. Il a décidé de rester au même lieu de travail.

Grammar notes

Object Pronouns

As you know, pronouns are words which replace nouns. Now, object pronouns are words which replace object nouns in a sentence. Let's begin with an English example.

I eat pizza. -> I eat it.

I look at the man. -> I look at him.

In French, there are two kinds of object pronouns:

- direct object (used for verbs without prepositions)
  Je mange la pizza. Je la mange.
- indirect object (used with verbs with the preposition *à*)
  J'écris à mes amis. Je leur écris.

Direct Object Pronouns

Direct object pronouns are used for verbs without prepositions in French. Direct means there is no preposition following the verb and preceding the noun. Language defines a direct object as a noun that receives action from a verb.

For example:

Je vois la fille. - I see the girl.

Je la vois. - I see her.

Take a look at the table and see which French direct object pronouns correspond to English.

Personal pronouns	Direct object pronouns	English pronouns
Je	**me / m'**	me
Tu	**te/ t'**	you
Il	**le**	him
Elle	**la**	her
Nous	**nous**	us
Vous	**vous**	you
Ils/Elles	**les**	them

Notice how *"me"* and *"te"* change to *m'* and *t'*, in front of a vowel or mute H.

As you notice in the following examples, the object (le film, Anne and Pierre) are replaced by the direct object pronouns (le, la, le).

Je regarde le film. Je le regarde. - I watch the movie. I watch it.

Je connais Anne. Je la connais. - I know Anne. I know her.

Je connais Pierre. Je le connais. I know Pierre. l know him.

Typical verbs requiring direct object

Following are examples of verbs that take a direct object without the preposition *à*.

- **aimer** - to like, to love
- **acheter** - to buy
- **écouter** - to listen
- **attendre** - to wait
- **inviter** - to invite
- **comprendre** - to understand
- **prende** - to take
- **connaître** - to know

Indirect Object Pronouns

So, first, let's solve this doubt.
What is the indirect object and why do we need them at all?

Indirect objects determine the recipients, or what is affected, by the action of the verb. In other words, it's to or for whom the action occurs.

> *Je parle à Lucas. - I'm talking to Lucas.*

> *To whom am I talking? To Lucas.*

Indirect object pronouns, on the other hand, replace the names of people and nouns, placed after the preposition *à* (to). You'll be able to spot them easily.

> *Je l'ai donné à Mathieu. Je le lui ai donné. - I gave it to Mathieu. I gave it to him.*

As you notice, "à Mathieu" is replaced by the indirect object "*lui*".

In the following table, you'll be able to see all the indirect object pronouns.

Personal pronouns	Indirect object pronouns	English pronouns
Je	**me / m'**	me
Tu	**te/ t'**	you
Il/Elle	**lui**	him,her
Nous	**nous**	us
Vous	**vous**	you
Ils/Elles	**leur**	them

Notice how *"me"* and *"te"* change to *m'* and *t'*, in front of a vowel or mute H.

The French word *"lui"* functions as two different types of pronouns.

Lui replaces masculine and feminine nouns in the singular form:

- *Je parle à Paul. I'm talking to Paul. → Je lui parle. I'm talking to him.*
- *Je parle à Marie. I'm talking to Marie.→ Je lui parle. I'm talking to her.*

Leur replaces masculine or feminine nouns in the plural form.

- *J'écris à mes amis. I'm writing to my friends. → Je leur écris. I'm writing to them.*

Typical verbs requiring the preposition à

Parler à - to talk to someone
Demander à - to ask someone
Dire à - to say to someone
Écrire à - to write to someone
Téléphoner à - to call someone
Offrir à - to offer to someone

Key takeaways

- In French, there are two kinds of object pronouns: direct object (used for verbs without prepositions) and indirect object (used with verbs with the preposition *à*).
- **French direct objects** are: **me, te, le, la, nous, vous, les**.
- An indirect object determines the recipients, or what is affected, by the action of the verb. In other words, it's to or for whom/what the action occurs.
- **French indirect objects** are: **me, te, lui, nous, vous, leur**.
- *Me* and *te* change to *m'* and *t'*, in front of a vowel or mute h.

Finally, in the next chapter, you get to learn all about the future simple tense. Prepare to tell your French friends what you're planning for the future. It's time to dream big.

Chapter 9: Traveling

« Le plaisir est toujours passé ou futur, jamais présent. »

- Giacomo Leopardi

If you want to talk about your plans, predictions, future actions, and dreams, you need to master the future tense. In French, you can express the Future with the "Futur Proche" and the "Futur Simple". There is also the "Futur Antérieur", but you'll discover it in more advanced lessons.

In this chapter, you'll learn the future tense in its true form - Future Simple. For those who are unfamiliar with this tense, the verbs may seem strange at first. The Future Simple tense in French is fairly easy to form with regular verbs, but they also contain a few irregular ones. Make sure you read the grammar notes after or even before you read the story, as the majority of the story is told in the future tense.

Un voyage imaginaire

Maria vit dans une petite ville du **nord** de la Suède. Elle vit **seule** avec sa fille Lara, mais la voit **seulement** le soir. Elle travaille **dur du matin jusqu'au soir**. Elle **voudra** passer plus de temps avec sa fille. Le soir, les deux aiment parler de voyages. Sa fille aime **la neige,** mais **rêve d'**aller à la mer. Elle n'y est jamais allée. En effet, elle n'a jamais quitté sa petite ville. Lara **ouvre l'atlas** et trouve leur **prochaine** destination. **De telle manière**, elles ont déjà parcouru **la moitié du monde**. Maman lui dit qu'un jour elles partiront **vraiment**. Lara la croit.

Un soir, **avant** d'aller se coucher, maman lui dit: « Chère Lara, tu **feras tes valises** ce soir. Parce que dans une semaine, nous **irons** à la mer. »

Lara : Vraiment ? Lara était **ravie**. Et où allons-nous, maman ?

Maman : Nous déciderons ce soir. **Apporte**-moi l'atlas et nous découvrirons **un endroit** idéal.

Lara a immédiatement trouvé le pays.

Lara : Nous irons à Cuba.

Maman : Un excellent choix. Nous **devrons** d'abord acheter des billets. Nous **aurons besoin** de deux **billets aller-retour** pour **la semaine** prochaine.

Lara : Qu'est-ce qu'on **fera là-bas** ?

Maman: On **restera dans un hôtel** quatre **étoiles** et nous mangerons dans des **restaurants locaux**. Tous les matins, tu **te réveilleras** à sept heures. Je resterai un peu **au lit** et je **me lèverai** à sept heures et **demie**. Je prendrai ma douche et je m'habillerai. Ensuite, nous prendrons notre petit-déjeuner. Pendant notre petit-déjeuner, je lirai un peu et j'écouterai la radio. Ensuite, nous nous préparerons pour partir à la plage. Je me brosserai les dents, toi aussi, je me maquillerai, toi non. Nous **mettrons nos maillots de bain** et nous partirons. Tu **nageras,** moi je lirai un livre et je te regarderai. Tu resteras **pendant des heures** dans l'eau. Tu aimeras nager. Tu **joueras** avec **les enfants** cubains. À **midi**, nous irons déjeuner. Après le déjeuner, nous irons **faire la sieste** à l'hôtel. **Quelquefois**, tu me **convaincras** d'aller à la plage. Chaque jour, tu mangeras de **la pastèque, de la noix de coco et des mangues**. Le soir, nous **flânerons le long de la plage**.

Lara avait beaucoup de questions. Elle voulait tout savoir.

Lara : Combien de **valises** allons-nous **apporter** ?

Maman : Nous apporterons deux valises et je porterai **un sac à dos.**

Lara : Combien **coûteront** les billets ?

Maman : Je ne sais toujours pas, mais ne t'**inquiète** pas, ce ne sera pas très cher.

Lara : Comment allons-nous **nous rendre à l'aéroport** ?

Maman : Nous irons **d'abord** en ville **en train**. Là, nous **prendrons un taxi** pour l'aéroport **à la gare**.

Lara : Est-ce que nous nous **assoirons près de la fenêtre** ?

Maman : Nous prendrons **des sièges côté fenêtre** si tu le **souhaites**.

Lara : À quelle heure **sera le vol** ?

Maman : Il **aura lieu à** 11h.

Lara : Combien de temps prendra le vol ?

Maman : De la Suède à Cuba, il **faudra** 10 heures.

Lara : Qu'est-ce qu'on fera dans l'avion ?

Maman : Nous regarderons des films, lirons **des contes de fées** et dormirons.

Lara : Moi, je ne pourrai pas dormir. À quelle heure arriverons-nous ?

Maman : Nous arrivons à 9h du soir.

Lara : Que ferons-nous à l'aéroport ?

Maman : Nous **passerons** d'abord **le contrôle des passeports**, prendrons nos **bagages** et trouverons un taxi jusqu'à notre hôtel.

Lara : Et puis nous nous coucherons ?

Maman : Oui, ma **chérie.**

Lara : Quel temps fera-t-il à Cuba ?

Maman : Il fera beau tous les jours.

Lara : Trouverons-nous des amis ?

Maman : Nous y **aurons** beaucoup d'amis.

Lara : **Verrons**-nous des animaux ?

Maman : Bien sûr. Les plus vieilles **tortues** du monde y vivent. Tu **pourras** nager avec les tortues. Nous visiterons le zoo et nous verrons des lions, des girafes et des éléphants.

Lara : Est-ce que tu travailleras là-bas maman ?

Maman : Non, ma chérie. J'**aurai** beaucoup **de temps libre** et nous serons heureuses tous les jours. Nous jouerons à tous les **jeux** que tu aimes.

Lara : Combien de temps allons-nous rester à Cuba ?

Maman: Nous resterons un **mois** et si tu veux, **l'éternité.**

Lara : Maman, ce sera le plus beau des voyages.

Résumé de l'histoire

Maria vit seule avec sa fille Lara, au nord de la Suède. Elle travaille dur et ne passe pas beaucoup de temps avec sa fille. Chaque soir, maman et fille parlent de voyages. Sa fille n'a jamais vu la mer, et rêve d'y aller. Un soir, avant d'aller se coucher, maman lui dit de faire ses valises, parce qu'elles partent à la mer.

Maria dit à sa fille de choisir la destination. La petite fille prend l'atlas et choisit Cuba. Avant de partir, la fille a plein de questions et sa mère lui répond patiemment.

Synopsis of the story

Maria lives alone with her daughter Lara, in the north of Sweden. She works hard and doesn't spend much time with her daughter. Every evening, mom and daughter talk about traveling. Her daughter has never seen the sea and dreams of going. One evening, before going to bed, mum told her to pack her bags because they are going to the sea. Maria tells her daughter to choose the destination. The little girl takes the atlas and chooses Cuba. Before leaving, the girl has lots of questions. Her mother is there to patiently answer all of them.

Vocabulary and Expressions

le nord - north
seul / seule - alone, single
seulement - only
travailler dur - to work hard
du matin jusqu'au soir - from the morning till the evening
voudra (vouloir) - future of the verb "vouloir"/ to want
la neige - the snow
rêver de faire qqch. - to dream to do something
ouvrir - to open
un atlas - an atlas
prochain / prochaine - next, upcoming
de telle manière - like, in such a way that
la moitié du monde - half of the world
avant - before
feras tes valises (faire ses valises) - future of the verb "faire", to pack one's suitcase
irons (aller) - future of the verb "aller" / to go
ravi / ravie - delighted, thrilled, pleased

apporter - to bring

un endroit - a place

devrons (devoir) - future of the verb "devoir" / have to, must

aurons besoin (avoir besoin) - future of the verb "avoir" / to need, to require

un billet aller-retour - a round-trip ticket

une semaine - a week

ferra (faire) - future of the verb "faire" / to do

là-bas - there

rester dans un hôtel - to stay in a hotel

une étoile - a star

locaux (local) - plural of the adjective local

se réveiller - to wake up

au lit - in bed

se lever - to get up

demi / demie - half

mettrons (mettre) - future of the verb "mettre" / to put

un maillot de bain - a swimming suit

nager - to swim

pendant des heures - for hours

jouer - to play

un enfant - a child

à midi - at noon

faire la sieste - to take a nap

quelquefois - sometimes, from time to time

convaincre - to convince

une pastèque - a watermelon

une noix de coco - a coconut

une mangue - a mango

flâner - to stroll

au long de la plage - along the beach

une valise - a suitcase

apporter - to bring

un sac à dos - a backpack

coûter - to cost

s'inquiéter - to worry

se rendre à l'aéroport - to get to the airport

d'abord - first of all, at first

en train - by train

prendre un taxi - to take a cab

une gare - a station

s'asseoir - to sit

près de - next to

une fenêtre - a window

un sièges - a seat

côté fenêtre - next to the window

souhaiter - to wish

sera (être) - future of the verb "être" / to be

un vol - a flight

avoir lieu - to take place

faudra (falloir) - future of the verbe "falloir" / need to, have to, must

un conte de fée - a fairytale

passer le contrôle des passeports - to go through the passport control

un bagage - a baggage

chéri / chérie - **dear**

aurons (avoir) - future of the verb "avoir" / to have

verrons (voir) - future of the verb "voir" / to see

une tortue - a turtle

pourras (pouvoir) - future of the verb "pouvoir" / can, may

aurai (avoir) - future of the verb "avoir" / to have

avoir du temps libre - to have free time

un jeu - a game

un mois - a month

une éternité - an eternity, a lifetime

Comprehension Questions

Sélectionnez une seule réponse pour chaque question.

1. La fille a-t-elle déjà voyagé ?
    A. Elle a parcouru la moitié du monde.
    B. Non, elle n'a jamais quitté son pays.
    C. Elle n'a jamais vu la mer.

2. Comment ont-elles choisi la destination ?
   A. Lara a pris l'atlas et choisit le pays.
   B. Maria a acheté des billets aller-retour.
   C. Elles ont tout planifié en avance.
   D. Elles ont gagné des billets.
3. La mère et la fille passent-elles beaucoup de temps ensemble ?
   A. Oui, elles passent chaque soir ensemble.
   B. Non, elles ne passent que les soirs ensemble.
4. Que feront maman et sa fille avant d'aller à la plage ?
   A. Elles se doucheront, s'habilleront, prendront leur petit-déjeuner, se brosseront les dents, se maquilleront et mettrons leurs maillots de bain.
   B. Elles se doucheront, s'habilleront, prendront leur petit-déjeuner, se brosseront les dents, et elles mettront leurs maillots de bain.
   C. Elles se doucheront, s'habilleront, prendront leur petit-déjeuner, se brosseront les dents, maman se maquillera et elles mettront leurs maillots de bain.
   D. Elles se doucheront, s'habilleront, se brosseront les dents, maman se maquillera et elles mettront leurs maillots de bain.
5. Quels animaux verront-elles à Cuba ?
   A. Des tortues, des lions, des girafes, des éléphants.
   B. Elles ne verront pas un seul animal.
   C. Des tortues.
   D. Des lions, des girafes, des éléphants.

Grammar notes

Future Simple

The Future simple tense is typically used to talk about future plans, intentions, or about making predictions about what may happen. In English, the simple future is analogous to the will form.

It makes sense that the future simple is named simple. The reason is that it's a one-verb tense, or in other words, it lacks auxiliary verbs.

The futur simple is used in the following cases:

- **when talking about future intentions**

Demain j'étudierai la grammaire.

- **when making suppositions or predictions about the future.**

Tu n'arriveras jamais à l'heure.

- **in conditional (if sentences) sentences**

Si on attend les soldes, on payera moins.

Regular Verbs

The formation of the future is actually quite easy with regular verbs. You just take the infinitive form and add the future endings (*-ai, -as, -a, -ons, -ez* and *-ont*).

Take the infinitive form for **-er**, and **-ir** verbs, but remove final -e for regular **-re** verbs, before adding the endings.

Let's see one example for each verb group.

Pronouns	I Group	II Group	III Group drop the -e
Je	aimer+**ai**	finir+**ai**	Prendr**e** / prendr +**ai**
Tu	aimer+**as**	finir+**as**	prendr+**as**
Il/Elle	aimer+**a**	finir+**a**	prendr+**a**
Nous	aimer+**ons**	finir+**ons**	prendr+**ons**
Vous	aimer+**ez**	finir+**ez**	prendr+**ez**
Ils/Elles	aimer+**ont**	finir+**ont**	prendr+**ont**

Irregular Verbs

Since there's no auxiliary, the Future Simple is supposed to be simple, but in reality it's more of an exception chart with a lot of irregular verbs.

Exceptions to the conjugation rules:

- All verbs with a short *e* in the stem change to *(accent grave)* in the *futur simple*.

  peser - je pèserai

- Some verbs **double their consonants**.

  jeter - je jetterai

- Some verbs ending in **-rir**, have *i* omitted before the future ending.

  courir - je courrai

  mourir - je mourrai

- Verbs ending in **-yer**, have *y* transformed to i in the *futur simple*.

  employer - j'emploierai, tu emploieras, il emploiera, nous emploierons, vous emploierez, ils emploieront

Note that verbs ending in -*ayer*, have two possibilities: y and i are permitted.
payer - je payerai/paierai

Frequent Irregular Verbs in Future

- aller → **ir** → j'**irai**
- avoir → **aur** → j'**aurai**
- être → **ser** → je **serai**
- faire → **fer** → je **ferai**
- pouvoir → **pourr** → je **pourrai**
- devoir → **devr** → je **devrai**
- savoir → **saur** → je **saurai**
- venir → **viendr** → je **viendrai**
- voir → **verr** → je **verrai**
- vouloir → **voudr** → je **voudrai**
- envoyer → **enverr** → j'**enverrai**

Be aware that the conditional and the future simple take the same stem to create the tense. You can distinguish them by simply looking at their endings.

Key takeaways

- The Future Simple is used when talking about future intentions, making predictions about the future, or in conditional sentences.
- In English, the simple future is analogous to the **will form**.
- To form the future simple, you just take the infinitive form and add the future endings (-*ai, -as, -a, -ons, -ez* and -*ont*), for verbs finishing in -**er**, and -**ir**. For verbs finishing in -**re**, first we drop -e, and then add the endings.
- Be aware that the conditional and the future simple take the same stem. The only way to distinguish these is to look at the endings.

Now that you have covered all the essential tenses in present, past, and future, it's time to take your French conversations to the next level. In the next chapter, you will find out how to express your opinion loud and clear.

Chapter 10: Expressing opinions

« La lumière est dans le livre. Ouvrez le livre tout grand. Laissez-le
rayonner. Laissez-le faire. »

- Victor Hugo

People love to share their opinions no
matter how knowledgeable or uninformed
they are about a subject. And we are all the
same in this matter. You must be ready for
a heated debate if you are out with French,
since French love arguing long hours. In
this chapter, we give you the basic
equipment you need to share your thoughts
and defend your opinion. This story is also
great for exploring the *l'imparfait* and
passé composé, both of which are combined in this narrative.

Un bibliophile

Éric adore les livres. Chaque dimanche, il fréquente des **bouquinistes**, pour
trouver un nouveau **trésor**. Il a visité toutes les **librairies** à Bordeaux, où il
habite. Il connaît **personnellement** tous les bouquinistes à Bordeaux.

Un jour, il était en train de décider entre deux livres, entre *L'Insoutenable*
Légèreté de l'Être et *La Peste*. **Alors qu'**il réfléchissait à quel livre
prendre, une fille a pris son livre. Éric voulait dire « C'est mon livre », mais il
est resté **stupéfait** par la beauté de la fille. Il a perdu **sa voix.**

La fille de la librairie est devenue pour lui la Dulcinée de Cervantes, la Béatrice
de Pétrarque. Il la comparait aux plus belles **héroïnes** de la littérature. Il

voulait savoir où elle habitait, et où il pouvait la rencontrer. Il venait à la librairie à la même heure tous les jours. Elle n'était pas là. Les semaines ont passé et il a oublié la fille.

Un samedi, Éric est allé à **un club littéraire**. Ce soir-là, ils ont parlé du livre L'Insoutenable Légèreté de l'Être, le livre préféré d'Éric.

Tout d'abord, le professeur de littérature a **dit quelques mots** sur le livre. *L'Insoutenable Légèreté de l'Être* est le cinquième roman de Milan Kundera, écrit en 1982 et publié en 1984, en France. **L'intrigue,** qui **se situe** à Prague en 1968, **s'articule autour de** la vie des artistes et des intellectuels **au cours de** la période communiste.

Éric voulait partager son opinion.

Éric : Le livre **traite** de plusieurs thèmes et les personnages **incarnent** de grandes idées. Je pense que Milan Kundera est un des **principaux écrivains contemporains**. **La plupart** de ses romans sont philosophiques. **À mon avis,** pour Kundera la vie c'est **saisir les opportunités**. C'est l'idéal de son **personnage** principal Tomas.

À ce moment, une fille répond à Éric.

Fille : Je **ne suis pas d'accord** avec vous. **Selon moi**, Tomas cherche de **la légèreté**. Il ne cherche pas à saisir les opportunités.

Éric : **Je trouve que** c'est la même chose. Mais, **peut-être avez-vous raison**. Il ne cherche pas à saisir les opportunités, mais il prend **ce qui** est facile.

Fille : **Il semble que** Tomas ne veut pas avoir des **relations étroites**. Il aime les situations faciles. Mais pour **approfondir** la relation, il faut **parfois traverser** des situations difficiles.

Éric : **Je suis d'accord** avec vous. C'est là que **réside** la beauté du livre de Kundera. Kundera **aborde l'idée** de Parménide, un philosophe **grec**. Il voit **le monde divisé en paires opposées** : **lumière-obscurité, entité** positive **d'un côté** et négative **de l'autre**. Selon Parménide, la légèreté est **positive, le poids** est **négatif.**

Fille : **Cependant**, la vie n'est jamais en noir et blanc.

Éric : Oui, mais la littérature **peut l'être**.

Fille : Je **suis sûre que** Tomas a peur de s'ouvrir et d'être honnête.

Éric : Je trouve que chaque personne a peur de **s'ouvrir.** C'est un sentiment universel.

À la fin du **débat**, Éric **s'est approché** de la fille.

Éric : Bonsoir mademoiselle. Vous avez fait de bons commentaires.

Fille: Merci. Vous aussi.

Éric : C'est quoi votre livre préféré ?

Fille : Mon livre préféré ? C'est une question difficile !

Éric : Pourquoi ? On a tous un livre préféré !

Fille : Moi non. J'aime lire mais je n'ai pas de livre préféré. **Ça dépend** toujours de mon **état actuel**. Parfois, j'aime les livres philosophiques, parfois les **romans d'amour** ou historiques, parfois **les livres policiers**. Je lis tous **les genres littéraires**. Et ton livre préféré ?

Éric : L'un de mes livres préférés est *L'Insoutenable Légèreté de l'Être*. Mais, comme toi, j'adore les différents genres littéraires. Je rêve d'avoir une librairie un jour.

Fille : Vraiment ? C'est mon rêve aussi.

À ce moment, Éric se rend compte qu'elle est la fille qu'il a cherché depuis trois semaines.

Résumé de l'histoire

Éric adore les livres et a visité presque toutes les librairies à Bordeaux. Chaque dimanche, il fréquente des bouquinistes, pour trouver un nouveau livre. Un jour il réfléchissait entre deux livres, mais pendant ce temps-là, une fille prend son livre. Éric est tombé amoureux de cette fille. Au cours des semaines suivantes, Éric va tous les jours à la librairie pour voir la fille. Mais sans succès. Un jour, Éric va à une rencontre littéraire. Éric commence à discuter avec une fille à propos du livre. Il se rend compte que c'est la fille qu'il cherchait.

Synopsis of the story

Eric loves books and has visited almost all the bookstores in his city. Every Sunday, he goes to booksellers to find a new book. One day, while deciding between two books, a girl takes one of Eric's books. Eric falls in love with this girl. Over the next few weeks, he goes to the bookstore every day to see the girl, but without success. One day, Eric goes to a literary club. Eric starts debating with one girl about the book and realizes this is the girl he was looking for.

Vocabulary and Expressions

un bouquiniste - a bookseller
une librairie - a library
un trésor - a treasure
personnellement - personally
un jour - one day
L'insoutenable Légèreté de l'Être - *The Unbearable Lightness of Being*
La Peste - *The Plague*
alors que - whereas, while
stupéfait / stupéfaite - stunned
une voix - a voice
une héroïne - a heroine
un club littéraire - a book club
dire quelques mots - to say a few words
une intrigue - a plot
se situer - to be situated
s'articuler autour de - to revolve around
au cours de - during
traiter - to deal with
incarner - to embody
principal / principale - major, main, primary
écrivain / écrivaine - a writer
contemporain / contemporaine - contemporary
la plupart - most
à mon avis - in my opinion
saisir l'opportunité - to take the chance
un personnage - a character
à ce moment - at this moment
depuis - from, since, for
je ne suis pas d'accord - I do not agree
selon moi - in my opinion
une légèreté - a lightness
je trouve que - I think that
peut être - perhaps, maybe
avoir raison - to be right

ce qui - what
il semble que - it seems like
une relation - a relationship
étroit / étroite - narrow, tight
approfondir - to deepen
parfois - sometimes
traverser - to cross, to pass through
je suis d'accord - I agree
résider - to reside
aborder l'idée - to bring up the idea
grec / grecque - Greek
un monde - a world
divisé - divided
une paire - a pair
opposé - opposed
une lumière - a light
obscurité - darkness
entité - entity
d'un côté, de l'autre - On the one hand, on the other hand
positif / positive - positive
négatif / négative - negative
un poids - a weight
peut l'être - it can be
je suis sûre que - I am sure that
s'ouvrir - to open up
un débat - a debate
s'approcher - to approach
ça dépend - it depends
un état - a state
actuel / actuelle - current, actual
parfois - sometimes
un roman d'amour - a love novel
un livre policier - a detective book
un genre littéraire - a literary genre

Comprehension Questions

Sélectionnez une seule réponse pour chaque question.

1. Pourquoi Eric allait-il à la librairie à la même heure tous les jours ?
   - A. Pour acheter des livres.
   - B. Parce qu'il est bibliophile.
   - C. Parce qu'il veut avoir une librairie.
   - D. Parce qu'il voulait rencontrer la fille.

2. Qui pense ainsi « *la vie c'est saisir les opportunités* » ?
   - A. Kundera.
   - B. Kundera et Tomas.
   - C. Eric.
   - D. Tomas.

3. Qui est Tomas ?
   - A. C'est un personnage du livre.
   - B. C'est le personnage favori de Kundera.
   - C. C'est le personnage favori d'Éric.
   - D. C'est le bouquiniste.

4. Selon la fille, pourquoi Tomas cherche-t-il la légèreté ?
   - A. Il est paresseux.
   - B. Il aime les situations difficiles.
   - C. Il a peur de s'ouvrir et d'être honnête.
   - D. Il veut avoir des relations étroites.

5. La fille a-t-elle un livre préféré ?
   - A. Non, elle lit tous les genres littéraires.
   - B. Oui, son livre préféré est *L'Insoutenable Légèreté de l'Être*.

Grammar notes

Expressing your opinion

Expressing your thoughts and feelings in any language is crucial. If you want to engage in a discussion in French or if you want to state your beliefs, you must be familiar with key vocabulary and expressions. Most students believe that expressing their opinion is difficult, when in fact it is quite the opposite. Building up your vocabulary with a variety of phrases is the best way to achieve it. The best place to start is with verbs like *"aimer"*.

- *J'aime / Je n'aime pas - I like / I don't like*
- *J'adore - I love / I adore*
- *J'apprécie / Je n'apprécie pas - I appreciate / I don't appreciate*
- *Je déteste - I hate*

In the story you just read, we introduced plenty of expressions and opinion phrases. To express your opinion, you can either use an opinion verb or an opinion expression. We'll examine what are the most popular verbs and expressions in the next section.

Verbes

These verbs are followed by the indicative in the affirmative form. Start the sentence with one of them when you want to express yourself.

- **Penser que** - to think

Je pense que c'est normal. - I think it's normal.

- **Croire que** - to believe

Je crois que les films étrangers sont trop difficiles à comprendre. - I believe that foreign films are too difficult to understand.

- **Trouver que** - to find

Je trouve que les enseignants nous donnent trop de devoirs à faire. - I think teachers give us too much homework.

- **Être persuadé(e) que** - to be persuaded, convinced

Je suis persuadé que tu vas réussir ton examen. - I am convinced you'll pass your exam.

- **Être sûr(e) que** - to be certain, sure

Je suis sûre que tu peux le faire. - I am sure you can do it.

- **Sembler que** - to seem

Il semble qu'il va pleuvoir. - It looks like it's going to rain.

- **Douter que**

Je doute que nous aurions pu avancer à ce point. - I doubt that we could have advanced to this point.

- **Être certain(e) que**

Je suis certain que nous arriverons à l'heure. - I am sure we'll arrive on time.

Les expressions

- **Selon moi** - in my view

Selon moi, Victor Hugo est un bon écrivain. - In my view, Victor Hugo is a good writer.

- **À mon avis** - in my opinion

À mon avis, il va pleuvoir demain. - In my opinion, it will rain tomorrow.

- **Personnellement** - personally

J'ai personnellement plus de plaisir à comprendre les hommes qu'à les juger. - I personally enjoy understanding men more than judging them.

Key takeaways

- Use these verbs to state your opinion: **penser que, croire que, trouver que, être persuadé(e) que, être sûr(e) que, sembler que, douter que, être certain(e) que**.
- Expressions that you can use to state your opinion are: **selon moi, à mon avis, personnellement.**

In the next chapter, you'll learn an easy future tense that sometimes can replace the simple future tense and that's often used in everyday situations.

Chapter 11: Apartment Renovation

« *Rien de tel que de rester à la maison pour un vrai confort.* »

- Jane Austin

Here we are at another common topic people love to discuss: their home. In this story, vocabulary revolves around the renovation and decoration of an apartment. You'll be exposed to many specific terms, and you'll spend a lot of time checking the vocabulary section. Don't be discouraged. After this lesson, you'll be prepared in case you inherit an apartment in Paris and have to do all the renovation by yourself.

While you get a long list of vocabulary, you'll be exposed to a fairly simple grammar topic - the *Futur Proche*, which is a near future tense, very commonly used in everyday conversations.

Appartement en rénovation

Pierre vit à Paris dans un petit **appartement**. Il vient d'**hériter** d'un grand appartement dans le quatrième **arrondissement**. Un jour, il a **reçu** une lettre. Son oncle lui a laissé un appartement près de Notre-Dame. Son **avocat** l'avertit qu'il faut **engager quelqu'un pour faire** certains **travaux**. L'appartement est vieux et en très mauvais état.

Jusque-là, Pierre vivait en **banlieue** parisienne. Il allait au travail en métro et chaque jour il lui **fallait une heure** pour y arriver. Quand il a obtenu les clés de l'appartement et quand il y est entré **pour la première fois**, il a compris que **la rénovation** allait être chère. Il va **investir** au moins 10 000 euros dans la rénovation. Cependant, Pierre n'a jamais **été doué** pour **le bricolage**. Il va donc **engager une agence**. Il a appelé l'agence pour **se renseigner** sur les prix et les conditions.

« Bonjour madame. J'ai un vieil appartement à rénover.

– Je comprends. **À l'époque de** la construction de votre ancien appartement, **les modes de vie** étaient différents. Pour s'adapter à nos **styles de vie actuels**, une **réorganisation de l'espace** est conseillée.

– Oui, certainement. Quel est le prix pour rénover un appartement ?

– Tout **dépend des travaux**. Nous offrons trois possibilités : **rénovation partielle, rénovation complète ou rénovation lourde**. Je vous explique la différence. La rénovation partielle comprend **la réfection de la cuisine** et la rénovation de la **salle de bains**. Dans **ce cas**, **l'architecte** n'est pas nécessaire. La rénovation complète comprend la rénovation de la cuisine et de la salle de bains, la rénovation de **l'électricité**, la rénovation de **la plomberie** et des **réseaux d'eau** et le **remplacement des fenêtres**. Dans ce cas, l'architecte est recommandé. Enfin, la rénovation lourde comprend la rénovation complète et toute autre **modification structurelle** de l'appartement. Dans ce cas, l'architecte est obligatoire. Quelles interventions désirez-vous monsieur ?

– Il faut faire **la vitrification du sol, la réfection des peintures, des murs et des plafonds**, puis la rénovation de la salle de bains et la rénovation de la cuisine. **Quel est le prix ?**

– Il y d'**autres critères** qui **affectent le prix**. Comme **la superficie** de l'appartement à **rénover** et le **nombre de pièces**.

– La superficie est de 85m2 et l'appartement a deux **salles de bains**, trois **chambres à coucher, une cuisine, un salon, un couloir, un séjour** et **une terrasse**.

– Je vais vous dire **le coût** de chaque intervention dans un moment monsieur. Selon vos besoins, il vous convient la rénovation partielle. Quel est votre budget pour **refaire un appartement** ?

– Entre 10.000 et 15.000$.

– Très bien monsieur.

– **Le projet peut démarrer** en septembre. Est-ce que ça vous convient ?

– Oui, c'est parfait. »

Les menuisiers ont travaillé pendant deux mois. Fin novembre, les travaux étaient terminés. Maintenant c'est le moment pour la décoration. Le nouveau **propriétaire** veut **donner une identité au lieu**. Pierre veut **réaliser son séjour sur mesure**. Il veut **une pièce à vivre conviviale** et charmante. Mais, il a déjà dépensé beaucoup d'argent dans la rénovation. Alors, il ne va pas engager **un décorateur d'intérieur**. Il va décorer son appartement seul. Pour s'inspirer, il fait un tour sur le web. Il faut penser aux couleurs et à l'éclairage. **Les tons clairs** vont **agrandir l'espace**. Alors il va acheter des **meubles** en tons clairs comme blanc et jaune. Pour accentuer, il va mettre des **coussins, des vases, des rideaux dans ce style**. Il va mettre des **plantes** dans toutes les pièces, du salon à la salle de bains ! Les plantes ne coûtent pas trop cher. Il va acheter **une commode**, six **chaises**, une **grande table à manger**, **un grand lit** pour **la chambre à coucher**, un **fauteuil**, **un canapé** et **une étagère à livres**. Mais comme Pierre n'a pas beaucoup de budget, il va acheter **des meubles d'occasion**. Pour trouver de la décoration authentique, il va aller au **marché aux puces**. Comme son appartement est **spacieux**, **l'éclairage** est important. Pierre va acheter beaucoup de lampes. Dans la salle de bains, il va poser un grand **miroir doré**. Pierre espère que la décoration de l'appartement va être finie fin décembre. Il veut **faire une grande fête de Nouvel An** avec sa famille.

Résumé de l'histoire

Pierre vit en banlieue de Paris, dans un petit appartement. Un jour, il hérite d'un grand appartement près du centre-ville. Mais, c'est un appartement ancien et en très mauvais état, et il faut le moderniser. Cependant, Pierre n'a jamais été doué pour le bricolage. Il va donc engager une agence pour faire les travaux. Il faut faire la vitrification du sol, la réfection des peintures, des murs et des plafonds, puis la rénovation de la salle de bains et la rénovation de la cuisine. Il a déjà dépensé beaucoup d'argent dans la rénovation, alors il va décorer son appartement seul. Il va acheter des meubles d'occasion et la décoration sur le marché aux puces. Il veut finir la décoration pour célébrer le nouvel an avec sa famille.

Synopsis of the story

Pierre lives in the suburbs of Paris, in a small apartment. One day he inherites a big apartment near the city center. But, it is an old apartment and in very bad condition, so it must be modernized. However, Pierre has never been good at DIY. He will hire an agency to do the work. It is necessary to do the vitrification of the floor, to paint the walls and ceilings, then to renovate the bathroom and the kitchen. He wants to decorate his apartment alone, since he spent so much money on the renovation. He goes to buy second-hand furniture and decorations at the flea market. He wants to finish the decoration to celebrate the new year with his family.

Vocabulary and Expressions

un appartement - an apartment
hériter - to inherit
un arrondissement - a district
recevoir - to receive
un avocat - a lawyer
avertir - to warn
engager quelqu'un - to hire someone
une banlieue - a suburb
il fallait une heure - it took an hour
pour la première fois - for the first time
une rénovation - a renovation
investir - to invest
être doué(e) - to be gifted, to have talent
le **bricolage** - do-it-yourself, DIY
engager une agence - to hire an agency
se renseigner - to ask about
à l'époque de - at the time of
un mode de vie - a way of life
un style de vie - a lifestyle
une réorganisation de l'espace - a reorganization of the space

dépendre - to depend
une rénovation partielle - a partial renovation
une rénovation complète - a complete renovation
une rénovation lourde - a heavy renovation
une réfection de la cuisine - a kitchen renovation
une salle de bains - bathroom
dans ce cas - in this case
un architecte - an architect
l'électricité - the electricity
la plomberie - the plumbing
des réseaux d'eau - water networks
un remplacement des fenêtres - a replacement of windows
une modification structurelle - a structural modification
une vitrification de sol - a floor vitrification
une réfection des peintures - a painting repair
un mur - a wall
un plafond - a ceiling
autres - others
un critère - a criterion
affecter le prix - to affect the price
une superficie - a surface, size
une pièce - a room
une salle de bains - a bathroom
une chambre à coucher - a bedroom
une cuisine - a kitchen
un salon - a living room
une couleur - a color
un séjour - a living room
une terrasse - a terrace
refaire un appartement - to redo an apartment
le projet peut démarrer - the project can start
un menuisier - a carpenter
un propriétaire - an owner
donner une identité au lieu - to give the place an identity
réaliser le séjour sur mesure - to create a custom-made living room
une pièce à vivre - a living space
un décorateur d'intérieur - an interior designer

un éclairage - a lighting
les tons clairs - light tones
agrandir l'espace - to make the space bigger
les meubles - the furniture
un coussin - a cushion
un vase - a vase
un rideau - a curtain
dans ce style- in this style
des plantes - plants
une commode - a commode
une chaise - a chair
une table à manger - a dinner table
un lit - a bed
un fauteuil - an armchair
un canapé - a couch
une étagère à livres - a bookshelf
un meuble d'occasion - a second-hand furniture
un marché aux puces - a flea market
spacieux / spacieuse - spacious
un miroir - a mirror
doré - golden
faire une fête - to have a party
Nouvel An - New Year

Comprehension Questions

Sélectionnez une seule réponse pour chaque question.
1. Qu'est-ce que ça veut dire que Pierre n'est pas doué pour le bricolage ?
    A. Il est bon en bricolage.
    B. Il est mauvais en bricolage.
    C. Il va engager une agence.
2. Pourquoi est-il conseillé de réorganiser l'espace dans un appartement ancien ?
    A. La plupart des gens aiment avoir un style américain.
    B. Pour s'adapter au nouveau style de vie.

C. Parce que les modes de vie étaient différents.
3. Qu'est-ce que comprend la rénovation partielle ?
   A. La rénovation de la cuisine et de la salle de bains, la rénovation de l'électricité, la rénovation de la plomberie et des réseaux d'eau et le remplacement des fenêtres.
   B. La réfection de la cuisine et la rénovation de la salle de bains.
   C. La rénovation complète et toute autre modification structurelle de l'appartement.
4. Dans quel cas l'architecte est recommandé ?
   A. Dans le cas de la rénovation lourde.
   B. Dans le cas de la rénovation complète.
   C. Dans le cas de la rénovation partielle.
5. Quels critères affectent le prix de la rénovation ?
   A. Le nombre de pièces et l'état de la salle de bains.
   B. Le nombre de pièces et l'étage auquel se trouve l'appartement.
   C. La surface et la location de l'appartement.
   D. La surface et le nombre de pièces.
6. Qu'est que Pierre va faire pour dépenser moins sur la décoration ?
   A. Pierre va acheter des meubles d'occasion.
   B. Pierre va acheter des meubles au marché aux puces.
   C. Pierre va faire ses propres meubles.
   D. Pierre va utiliser ses vieux meubles.

Grammar notes

Futur Proche

Le *Futur Proche*, also called le *futur composé*, refers to near future actions. This is equivalent to the English structure *going to* plus infinitive, implying an intent behind the action.

When to use the *futur proche*

Le *futur proche* is used in the following situations:

- When an action shortly takes place.
  Christine va partir dans deux secondes. - Christina is leaving in two seconds.

- For a planned action in the near future.
  Il va aller au supermarché. - He is going to the supermarket.

How to conjugate the *futur proche* in French

To conjugate the *futur proche*, we use the present tense of the verb *aller* + verb in infinitive.

Je	*Je vais + infinitive (finir, porter, lire)*
Tu	*Tu vas + infinitive (finir, porter, lire)*
Il/Elle	*Il/Elle va + infinitive (finir, porter, lire)*
Nous	*Nous allons + + infinitive (finir, porter, lire)*
Vous	*Vous allez + + infinitive (finir, porter, lire)*
Ils/Elles	*Ils/Elles vont + infinitive (finir, porter, lire)*

Key takeaways

- The *futur proche* is used for actions that will shortly happen or for planned actions in the near future.
- The futur proche is equivalent to the English structure **going to** + infinitive.
- To create the *futur proche*, we need to conjugate the verb **aller in the present tense + verb in infinitive.**

Answers

Chapter 1

1. Who tells the story?

A

2. They live ....

B

3. Does the wife go to work every day?

C

4. In the morning, the man prefers ....:

B

5. Every day in the morning, the man likes to?

A

Chapter 2

1. What does the girl think of blind dates?

B

2. Why is the girl cleaning the apartment?

D

3. What does the metaphor "comme un jour de pluie" mean?

A

4. What are the characteristics of a Capricorn?

B

5. What is the worst combination of signs?

A

Chapter 3

1. What is the job of the character telling the story?

C

2. What ingredients do they buy to prepare the birthday cake?

A

3. Why Charlotte says "Je suis une artiste, moi"?

C

4. Why is Charlotte upset?

A

5. Why are they going to the market?

B

Chapter 4

1. Who had the idea of becoming a nomadic family?

B

2. Did their family agree with them about their idea?

B

3. According to Lea, what is needed to become a digital nomad?

C

4. What is the job of Lea and her husband?

B

5. How do they travel the world?

C

6. What does it mean "les régions les plus **reculées** du monde"?

A

Chapter 5

1. What is Lazarus' profession?

A

2. Why does Lazarus travel around the world?

C

3. What does it mean to visit the trendiest destinations?

B

4. What are the best months to visit Iceland?

A

5. In Bali during the rainy season....

C

Chapter 6

1. Why did Charlotte take her father's hat?

A

2. Why does Charlotte feel fear?

D

3. Why does Charlotte always "end up in debt"?

D

4. What does Charlotte wear for her interview?

A

5. Who owns comfortable sandals?

B

Chapter 7

1. Where has the main character traveled to?

A

2. Who ate all the pears?

C

3. Why is her father determined to teach her to swim?

C

4. Who was in the garden of her old house?

C

5. What does "revivre un conte de fées" means?

B

- **Chapter 8**

1. What jobs did Luca have?

C

2. Why did no one want to hire Luca at first?

B

3. Why did Luca work extra hours at the cheese company?

B

4. Was there a lot of opportunity on the market?

B

5. Luca has flexible working hours for which job?

C

6. Why was Luca skeptical when his friend suggested opening a bakery?

A

Chapter 9

1. Has the girl traveled?

B

2. How did they choose the destination?

A

3. Do mother and daughter spend a lot of time together?

B

4. What will mom and daughter do before going to the beach?

C

5. What animals will they see in Cuba?

A

Chapter 10

1. Why did Eric go to the bookstore at the same time every day?

D

2. Who thinks like this "*la vie c'est saisir les opportunités*"?

A

3. Who's Tomas?

A

4. According to the girl, why is Tomas looking for lightness?

C

5. Does the girl have a favorite book?

A

Chapter 11

1. What does it mean that "Pierre n'est pas doué pour le bricolage"?

B

2. Why is it advisable to rearrange the space in an old apartment?

B

3. What does partial renovation include?

B

4. When is the architect recommended?

B

5. What criteria affect the price of renovation?

D

6. What is Pierre going to do to spend less on decoration?

A

Conclusion

First of all, let us congratulate you on your achievements. Learning a language is not a one-day task, and above all requires discipline, consistency, and moving forward despite the frustration.

For a beginner in French, reading stories may seem insurmountable. Ordinary stories are often too complex, filled with advanced grammar and an overly eloquent narrative, preventing French beginners from even getting started. As language learners, we realized there's the traditional grammar-focused method on the one side, and on the other side, there's the story learning method. The two approaches seem at odds with each other. Yet, they complement one another. For that reason, we wanted to create a book that reconciles the need to understand grammar with the need to get a natural and motivational way to learn French. By accompanying the story with grammar notes, we aimed to get the maximum benefit from the story learning.

Our goal was to create a book that would allow you to focus on one grammar point at a time. The best way to learn grammar in French is to observe how it naturally appears within stories, rather than relying on a "rules first" methodology. Taking this approach allows you to see how grammar functions in the context, and even if you don't yet know the rules, you will still be able to understand a lot!

Through eleven stories you build your grammar skills with each story read. As each story is written with common beginner's troubles in mind, you progress gradually, starting with beginner lessons (Present Tense, Adjectives, Partitive articles) and progressing up to more advanced ones (Basic Past Tenses, Relative Pronouns, Expressing your Opinion, Direct and Indirect Object). The stories invite the reader to explore further the language curiosities and examine the story back and forth with the new grammar tools.

Most of the topics in this book are related to our everyday lives. Eleven stories cover the eleven most frequent everyday situations, from traveling to meeting your family, talking about habits, food, shopping, and weather, allowing you to build your vocabulary in different areas.

We begin by focusing on daily habits, then move on to describing people in the next chapter. The third story is all about grocery shopping and cooking, while the next one touches on your family members. In the fifth chapter, you are already on the road and discussing the weather. Having learned how to keep small talks like a French in Paris, you head off to learn more shopping vocabulary in the upcoming chapter. In chapter seven, you are finally able to tell a story of your own, as you get introduced to another past tense - the imperfect. Next, you cover the career area, then you get to travel again. In the tenth chapter, you get the basic equipment you need to share your thoughts and defend your opinion. Finally, you finish with another frequent topic, discussing your home and renovation. Topics that cover all aspects of your daily life are ideal for beginners.

Story learning prevents you from becoming infatuated with rules by encouraging you to focus on understanding and purely enjoying the story first and foremost. Through this approach, you end up learning so many global aspects of the language including sentence structure, narrative, and sequencing events.

With eleven stories under your belt and a solid foundation in French grammar, you are well prepared to speak French, even with natives. You now have the freedom to talk about your family, career, shopping, cooking, travel, weather, house renovations, and even express your opinions in a variety of ways in French. All that's left is to apply what you've learned.

Made in the USA
Monee, IL
27 August 2023